삼위일체론

차례
Contents

"모든 기독교 신앙은 삼위일체론에 내포되어 있다." _게르마누스

들어가며: 기독교의 정체성인 삼위일체론

삼위일체론은 기독교의 정체성과 독특성을 담고 있다. 종교로서 기독교는 무신론이 아니며 유신론이다. 그래서 기독교는 불교와 구별된다. 유신론이지만 다신론이 아니고 단일신론이다. 그래서 기독교는 고대 그리스와 로마의 신화와 구별된다. 단일신론이지만 삼위일체론 때문에 유대교나 이슬람교와도 구별된다. 이처럼 삼위일체론은 대외적으로 기독교의 독특성을 드러내고 대내적으로 자기 정체성을 밝히는 시금석이다.

그렇다. "성부와 성자와 성령 안에서 신학적으로 정식화되는 거룩하고 온전한 삼위일체야말로 주님이 전수하셨고 사도들이 선포했으며 교부들이 보존한 보편교회의 신앙과 교리이다"(아타나시우스).

우리는 보편교회의 이 신앙과 교리를 다루려고 한다. 그렇지만 문제는 간단하지 않다. 가톨릭 신학자 칼 라너(1903~1970)는 대부분의 신자들은 일상적인 삶에서 사실상 '단일신론'을 따르고 있다고 일침을 가한다. 비록 주일마다 예배에서 사도신경으로 삼위일체 하나님을 고백하고 성부와 성자와 성령께 찬송을 돌려 드리지만, 설령 삼위일체론이 거짓으로 판명된다 해도 기독교 경전 서적의 대부분이 바뀌지 않으리라는 것이다.

삼위일체론이 창조론, 기독론, 은혜론 등 교리뿐만 아니라 성도들의 일상적 삶이나 경건과도 동떨어져 있는 것이 현실이다. 가령 삼위일체론이 없어도 기독론에 결정적인 변화가 생기지는 않을 것이다. 실제로 현대 기독론 연구는 이전의 교리적 기독론을 탈피하고 대부분 주석적 형태를 보이지만, 삼위일체론이나 성령론적으로 통합된 연구는 흔치 않다. 하루에도 여러 차례 성령 안에서 성자의 이름으로 성부께 기도 드리지만, 성도들의 머리에는 '단일신론'이 자리 잡고 있다.

이러니 신학이 경건을 안내하지 못하며, 교리와 삶은 분리될 수밖에 없다. 신학이 이론적인가 실천적인가 하는 논의는 교회사에서 지속적으로 등장한다. 교회사 초기부터 세상과 교회 공동체를 벗어나서 '관조적 삶'을 추구하려는 소수의 무리가 항상 있었다. 이런 경향은 4세기 중엽부터 수도원이 등장하면서 제도화된다. 그러나 대다수의 신자들은 생계를 유지하기 위해 주로 육체노동에 주력하는 삶을 살았다. 이런 삶을 '활동적 삶' 또는 '실천적 삶'이라 부른다.

관조적 삶과 실천적 삶을 분류하는 배경에는 그리스 철학이 있다. 아리스토텔레스는 세 가지 행복관을 제시한다. 첫째, 바깥에 있는 물질적 대상을 조작한 결과와 업적으로 얻는 행복이 있다. 두 번째로, 도시 공동체 안에서 지혜로써 정의, 용기, 절제 등의 미덕을 추구하여 공동체의 인정을 받는 삶, 곧 '실천적 삶'이 주는 행복이다. 세 번째로, 철학자는 외적 대상을 통해 행복을 얻으려 하지 않고, 도시 공동체를 통한 일시적 쾌락에도 마음을 빼앗기지 않고, 정신적 대상을 관찰하고 바라보는 '관조적 삶'의 양식을 찾아 은거함으로 신적 자족에서 행복을 실현한다. 이 '관조'는 축제 구경, 곧 '즐기는 관찰(theoria)'에서 온 말로서 이후 학문 혹은 '이론(theory)'이라는 말이 여기에서 왔다. 그런데 고대 그리스 말기 알렉산더 대왕이 도시 공동체를 합병하고 중앙집권을 확립하자 공동체에서 인정을 받는 '실천적 삶'은 원래의 의미를 점차 상실한다.

이 책에서는 관조적 삶과 활동적 삶, 또는 이론적 삶과 실천적 삶의 양 구도를 기독교적으로 원용하고 통합하는 방식으로 삼위일체론을 전개하려고 한다. 즉, 삼위일체 하나님을 관조하는 삶이 믿음이며 동시에 기독교회의 정체성을 확립하는 원초적인 삶인데, 그리스적 배경에서와는 달리, 이 삶은 세상에서 물질적 대상을 잘 다루고 공동체에서 미덕을 추구하여 인정받음으로써 기독교회의 독특성을 드러낸다는 것이다.

관조는 하나님을 대면하는 것이다. 외적 대상이나 공동체가 아니라 하나님을 대면하고 그분의 이름을 불러 찬양하고 즐기는 것이다. 이런 관조는 예전(禮典)적 예배에서 구체적으로 나타난다. 예전에서 하나님을 뵙는 일은 생생한 체험이다. 이 체험은 삼위일체 하나님을 고백하고 믿는 것이다. 그러므로 우리가 기독교적으로 원용하여 사용하려는 관조는 '관상'과는 다르다. 관상은 물질이나 육체 등 외적인 모든 것을 경시하는 이원론을 전제로 삼는다. 하나님을 관상하기 위하여 사막으로 홀로 떠나거나 하나님을 뵙기 위하여 수도원에 들어가 수도사가 될 필요는 없다. 예수 그리스도의 성육신은 이런 식의 이원론에 기초한 관상 행위를 원천적으로 거부한다. 예배자는 예배에서 관조적 삶을 수행하여 삼위일체 하나님으로 물든다.

그러면 실천적 삶은 무엇인가? 고대 교회에서는 예배에서 하나님을 대면하여 뵙고 교제하는 이 원초적 행위를 신학이라 불렀다. 하나님을 관조하는 '이론'이 신학인데, 이것은 이른바 이론적 작업이 아니라 삶 자체다. 그러면 하나님을 관조하는 예배로 이루어지는 교회 공동체는 동시에 실천의 장이 된다. 즉, 하나님과 대면하고 교제하는 예배자는 이차적으로 예배 중에 다른 예배자와 교제한다. 이렇게 교회 공동체는 일차적인 '실천적 삶'의 현장으로 거듭난다. 예배로 삼위일체 하나님을 닮은 자는 형제자매인 예배자를 사랑함으로써 관조적 삶을 훈련받는다.

그렇지만 진정한 의미에서 교회 공동체가 삼위 하나님을 드러내고 대리하는 실천의 현장은 세상이다. 관조적 삶은 관조 자체를 목적으로 삼지 않으며, 성도는 관조한 삼위일체 하나님을 세상이라는 실천의 현장에서 보여 주어야 한다. 믿음은 세상에서 행하는 실천이며, 실천의 현장은 동시에 지속적인 관조의 현장이다. 예배라는 관조(이론)가 없는 실천은 맹목적이며, 삶의 실천이 없는 관조는 공허하다. 양자를 통합하고 조화를 이루도록 반성하는 작업이 이른바 학문으로서 신학이며 우리가 도모하려는 삼위일체론이다. 예배와 삶의 실천에서만 성경적 신론과 기독교의 독특성과 정체성이 드러난다.

고대 교회에서 신학은 우리가 지금 알고 있는 근대 학문의 한 분과인 신학이 아니었다. 신학은 그 어원에서 '신(神)'과 '말'의 합성어이다. '누구를 하나님이라 말함'이 신학이었다. 그리스·로마 철학과 다신론이 지배하는 환경에서 예수를 하나님이라 부르고 성령을 하나님이라 선언하는 것이 신학이었다.

신학으로서 삼위일체'론'은 설교와 고백, 선교와 교육, 예배와 기도 등 교회의 본래적 사역에서 자연스럽게 확립되었다. 이 과정에서 이론적 반성인 삼위일체론이 부차적으로 형성되었다. 삼위일체'론'은 성경에 문자적으로 나오지는 않으나 하나님의 계시를 바로 체험하고 이해하고 해석하는 교의(dogma)의 전형이다.

삼위일체론은 공교회(보편교회)적 유산이다. 성장하고 부흥한 교회가 반성적 작업으로 신학을 발전시킨 교회 역사를 볼 때, 한국 교회 역시 신학인 삼위일체론을 발전시켜야 건강한 교회가 될 것이다. 먼저 무엇보다도 이 공교회적 유산을 잘 전수받아야 한다. 그러면 삼위 하나님과 참되게 교제하고 사귀는 성숙한 교회와 교인들이 될 것이다. 그래야 다음 세대와 세계교회에도 이 신앙의 핵심을 잘 전수할 수 있을 것이다.

삼위일체론의 뿌리는 삼위일체 하나님의 자기 계시를 담고 있는 성경이므로 먼저 성경적 배경을 살피려고 한다. 더 구체적으로 말하면 나사렛 예수의 역사가 삼위일체론의 뿌리이다('삼위일체 하나님 신앙의 기초'). 이 역사적 인물에 대한 입장에 따라 많은 논쟁과 토론이 일었고, 오해와 갈등이 지속되었다. 그런데 삼위일체론은 이처럼 투쟁의 결과이지만, 이는 교회가 본래의 사명을 수행하는 과정에서, 곧 교회가 믿는 하나님이 누구신가를 적극적으로 가르치고 예배 가운데서 체험하는 방식으로 확립되었다. 즉, 삼위일체론 형성의 일차적 현장은 대외적 투쟁에 앞서는 대내적 예배였다('삼위일체론의 내적 현장: 예배'). 그리고 기독교 역사 2천 년을 개괄적으로 살필 것이다('삼위일체론의 형성과 발전: 교회사'). 하지만 삼위일체론의 신학적 전개를 우선 살펴보고자 하는 독자는 '삼위일체론의 형성과 발전'을 먼저 읽고 나서 '삼위일체론의 내적 현장'을 읽어도 좋을 것이다.

성도는 나아가 예배에서 체험한 삼위일체 하나님을 세상 가운데서 드러내어야 한다. 말씀이신 예수 그리스도께서 보이는 육신으로 오셨듯이, 삼위일체론은 교회와 신자의 삶의 현장에서 구체적으로 성육해야 한다('삼위일체론의 외적 현장: 교회와 세상'). 본서는 교회 공동체가 세상에서 행할 교리와 삶의 통합, 이론과 실천의 일치를 겨냥한다.

부록으로 사도신경을 3부로 나눈 사역(私譯)을 첨가하여 삼위일체론의 현장이 세례와 예배임을 보여 주려고 한다.

삼위일체 하나님 신앙의 기초: 성경

삼위일체 하나님 신앙의 원천은 성경이다. 그리고 나사렛 예수의 역사가 삼위일체론의 뿌리이므로 구약이 아니라 신약부터 살펴야 할 것이다.

신약

성경과 예배는 삼위일체 하나님에 대한 믿음과 고백의 근거 자리이다. 특히 부활한 예수께서 주신 세례 명령을 담고 있는 마태복음 28장 19~20절은 중요한 위치를 차지한다. 그런데 삼위 하나님에 대한 믿음을 원래 세례신경이었던 사도신경과 니케아신경처럼 잘 정리해 놓은 문구가 성경에는 없다. 성경에는 성부, 성자, 성령 하나님에 대해서 말하고 믿는 바가 산발적으로 나타난다.

구약을 믿으면서 메시아(구세주)를 기다리는 유대교의 배경에서 기독교가 나왔다. 기독교가 분리된 이유가 무엇인가? 예수 때문이다. 초대교회 성도들은 예수를 메시아라고 믿고 고백하고 전파했다.

복음서를 보면 예수를 메시아로 믿고 고백하는 것이 중요했다. 가장 먼저 예수를 메시아로 믿었던 이들이 제자들이다. 그리고 제자들은 사도가 되어 자기들의 믿음과 고백을 전파했다. 이것은 사도행전에 기록되어 있다. 그리고 여러 서신서에는 이 믿음과 고백과 전파의 내용이 복음서나 사도행전보다 더 잘 정리되어 있다.

베드로는 예수께서 그리스도요, 하나님의 아들이라고 고백했다(마 16:16). 이것은 사도신경의 두 번째 부분에 해당한다. "그 외아들 우리 주 예수 그리스도를 믿사오니." 에티오피아에서 온 내시는 "내가 예수 그리스도께서 하나님의 아들인 줄 믿노라."(행 8:37) 하고 고백했고, 이에 빌립은 그에게 세례를 베풀었다. 요한도 "예수께서 그리스도이심을 믿음"(요일 5:1)과 "예수께서 하나님의 아들이심을 믿음"(5:5)을 같은 문맥에서 말한다.

그런데 이런 고백은 이미 예수 자신에게서 나왔다. 예수께서는 자신을 그리스도이자 하나님의 아들로 인식했다. 예수는 자신을 세상에 보내신 하나님을 자신의 친아버지라 하고서 자기를 하나님과 '동등'으로 삼으셨다(요 5:18). 하나님께서는 세상을 사랑하사 '독생자'를 주셨고, 그를 믿는 자마다 구원을 얻게 하신다(요 3:16). '주다'라는 말은 '십자가로 내어주다'라는 뜻도 담고 있다. 이렇게 성부와 성자의 관계가 나온다. 성부는 성자를 고난과 십자가로 내몰았다. 그것은 곧 자기 아버지를 증거하는 일의 절정이다. 십자가는 아버지를 영화롭게 하는 일이다(요 17:4). 그리고 아버지는 아들을 다시 살리심으로 영화롭게 한다(요 17:24).

예수의 부활을 믿지 못했던 제자 도마는 그분의 옆구리를 만지고 나서야 예수를 주님으로 믿었다. 그러면서 "나의 주시며 나의 하나님이십니다."(요 20:28)라고 고백한다. 동족 유대인 무리들은 예수를 십자가에 못 박았으나 하나님께서는 그분을 주와 그리스도가 되게 하셨다(행 2:36). 바울은 자기가 전파하는 믿음의 말씀을 다음과 요약한다. "네가 만일 네 입으로 예수를 주로 시인하며 또 하나님께서 그를 죽은 자 가운데서 살리신 것을 네 마음에 믿으면 구원을 받으리라"(롬 10:9). 예수의 부활은 하나님께서 행하신 일이다. 우리는 예수를 주님으로 고백하면서 하나님과의 관계도 말한다. 예수를 주님으로 시인하는 것은 하나님께 영광을 돌리는 일이다(빌 2:11).

그런데 성령으로가 아니면 예수를 주님이라 할 수 없다(고전 12:3). 사도신경의 고백처럼 성자를 성육하게 하신 이가 성령이다. "성령으로 잉태하사." 마리아는 성령으로 잉태하여 하나님의 아들을 낳았다(눅 1:35). 이처럼 성령은 성자를 세상에 임하게 하고 예수를 다시 살리신 능력의 영이시면서도, 부활한 예수께서 보내시는 영이시기도 하다. 그분은 성부가 성자에게 주신 영광의 영이다. "하나님이 오른손으로 예수를 높이시매 그가 약속하신 성령을 아버지께 받아서 너희가 보고 듣는 이것을 부어 주셨느니라"(행 2:33). 누구라도 그가 보내신 성령을 받아야 예수를 주라 시인하며, 하나님의 아들이라고 고백할 수 있다.

이처럼 예수 사건이 중심에 있다. 성부께서는 아드님을 나사렛 예수로 보내셨고, 아드님은 아버지께 성령을 받아 성도에게 부어 주셨고(행 2:33), 성령은 아드님을 증거한다(행 5:32). 우리도 성령으로 아드님에 대하여 고백하고, 아드님을 통하여 아버지를 믿는다.

이른바 축도(강복선언)가 이를 잘 보여 준다. "주 예수 그리스도의 은혜와 하나님의 사랑과 성령의 교제가 있을지어다"(고후 13:13). 이것은 기도가 아니라 선언의 성격을 지니고 있으므로 '축도'보다는 가톨릭교회가 사용하는 '강복선언'이 옳은 번역이다. 도입은 예수 그리스도이고, '은혜'는 그분의 사역과 인격을 다 담고 있다. 성자는 성부에게 나아가는 길이요 관문이다(요 14:6, 10:7). 곧 성자 예수 그리스도를 믿어 그분을 통하여 성부 하나님께 나아가면, 성부의 사랑이 이 은혜의 배경이라는 것을 알게 된다. 성자를 믿고 성부의 사랑을 깨닫게 하는 것이 성령의 교제 사역이다. 즉, 성령은 우리를 성자와 연결시키고, 우리와 성부를 연결시킨다. "그리스도로 말미암아 한 성령 안에서 아버님께 나아감을 얻게 하려 하심이라"(엡 2:18). 사도신경이 삼위일체 하나님에 대해 고백하는 내용도 이런 방식으로 성경에서 발췌하여 정리한 것이다. 이런 삼위일체 하나님에 대한 고백이 삼위일체론의 기초가 되었다.

구약

신약은 구약이 예수 그리스도 안에서 이루어졌다고 가르친다. 구약이 예수 그리스도의 사역과 인격을 예언하고 있다는 말인데, 이는 예수께서 직접 하신 말씀이기도 하다. "너희가 성경에서 영생을 얻는 줄 생각하고 성경을 연구하거니와 이 성경이 곧 내게 대하여 증언하는 것이니라"(요 5:39). 구약은 역사서와 시가서와 선지서로 구성되어 있다. 부활하고 난 뒤에 예수께서는 "내가 너희와 함께 있을 때에 너희에게 말한바 곧 모세의 율법과 선지자의 글과 시편에 나를 가리켜 기록된 모든 것이 이루어져야 하리라 한 말이 이것이라"(눅 24:44)고 했다. 그리고 그 내용을 정리한다. 즉, 자신이 고난을 받고, 제3일에 부활하고, 자기 이름으로 죄 사함을 얻게 하는 회개가 모든 족속에게 전파되리라는 것이었다(눅 24:45~47).

그럼에도 구약에서 이런 내용을 문자적으로 찾기는 쉬운 일이 아니다. 말하자면 구약을 일단 기독론적으로 해석하고 나서, 야웨 하나님과 예언된 메시아의 관계를 말하고, 다시 성령과의 관계를 추적해야 하기 때문이다.

예수께서는 가버나움 회당에서 구약 선지서인 이사야 61장의 첫 부분을 읽었다. "주의 성령이 내게 임하셨으니 이는 가난한 자에게 복음을 전하게 하시려고 내게 기름을 부으시고 나를 보내사 포로 된 자에게 자유를, 눈먼 자에게 다시 보게 함을 전파하며 눌린 자를 자유롭게 하고 주의 은혜의 해를 전파하게 하려 하심이라"(눅 4:18~19, 사 61:1~1). 그리고 청중들에게 "이 글이 오늘 너희 귀에 응하였다."고 선언하신다. 이사야서의 본문은 구약에서 메시아를 예언한 본문에 속한다. 인용된 부분 중 '주'는 '야웨'를 뜻한다. 예수께서는 자기가 야웨의 보냄을 받았다는 것을 의식하고 있다. 예수께서는 구원 사역을 하려고 왔고, 이것은 이미 구약의 선지자가 예언한 사실이라는 것이다. 그런데 구원 사역은 고난을 통해서 이루어진다. 즉, 이사야는 메시아가 '고난의 종'일 것을 예언했다. 고난은 십자가를 지는 것에서 절정에 이르지만, 병자를 고쳐 주고 귀신을 쫓아내는 것도 고난의 일면이다. 그것은 "우리의 연약한 것을 친히 담당하시고 병을 짊어지셨도다."(마 8:17, 사 53:4의 인용)라는 말씀의 성취이다. 이사야 53장 4절도 메시아를 예언하는 말씀이다.

예수께서 많은 표적을 행하셨음에도 사람들이 그분을 믿지 않는 것은 이사야서 53장 1절의 성취이다(요 12:38). "우리가 전한 것을 누가 믿었느냐? 야웨의 팔이 누구에게 나타났느냐?" 이런 배척을 당하는 것도 야웨의 종인 메시아가 당한 고난의 운명이었다. 예수께서는 제자 유다의 배반을 예고하시면서, "내 떡을 먹는 자가 내게 발꿈치를 들었다."는 시편의 말씀이 이루어졌다고 말씀하신다(시 41:9, 요 13:18). 사람들은 이유 없이 예수를 미워했다(시 35:19, 69:4, 요 15:25). 군병들이 옷을 나누는 것도 구약의 성취이다(시 22:18, 요 19:24). 십자가상에서 "목마르다."고 하신 것도 마찬가지다(시 69:21, 요 19:28). 십자가에 달린 예수께서는 "나의 하나님 어찌하여 나를 버리셨나이까?"(막 15:34)를 외치시면서, 시편 22편 1절의 완전한 의미를 계시하셨다. 옆구리를 찌르고 뼈를 꺾지 않은 것도 그러하다(출 12:46, 민 9:12, 시 34:20, 요 19:36). 이것은 곧 그 찌른 자를 본다는 말씀의 성취이다(슥 12:10, 요 19:37).

이사야서에 의하면 야웨의 종은 그 사역을 위하여 성령을 받았다(사 61:1). 이것은 성령 잉태나 성령을 풍성하게 주신다는 말씀과 연관된다(요 3:34).

베드로는 유명한 오순절 설교에서 예수의 부활을 이야기하면서 "내 영혼을 음부에 버리지 아니하시며, 주의 거룩한 자로 썩음을 당하지 않게 하소서."(시 16:8 이하)를 인용한다(행 2:25~28). 또한 예수의 주님 되심을, 원수를 그의 발등상이 되게 한다는 시편 110편 1절의 성취로 본다(행 2:35).

이렇게 구약은 그리스도 안에서 성취되었다. 구약의 하나님이 모세를 보내듯 예수를 보냈다. 그리고 성령을 부어 주셨다. 선지자들의 메시아 예언을 구원역사(救援歷事)적으로 해석하여 이 정도까지 말할 수 있다. 예수와 제자들과 바울 사도는 구약이 예수와 그분의 사역으로 완성되었다는 확신을 가지고 있었다. 이렇게 하여 구약을 삼위일체론적으로 읽을 수 있는 길이 열린다.

성경과 삼위일체 하나님

  구약과 신약에서 성부와 성자와 성령을 구체적으로 언급하는 구절을 살피고 취합하는 일은 쉽게 마칠 수 있다. 이미 살핀 대로 그 구절이 많지 않기 때문이다. 그렇다 하여 이것이 삼위일체 하나님에 대한 성경의 교훈이 믿을 만하지 못하다는 것을 뜻하지는 않는다. 성경을 구원역사의 관점에서 읽으면, 구약과 신약을 관통하는 삼위일체 하나님의 자기 계시가 분명하게 드러난다.

  구약은 그리스도의 전(前)역사이며, 그리스도는 구약의 모든 계시의 목표점이고 성취이다. 따라서 계시의 시작조차도 완성된 계시의 관점에서만 바르게 이해할 수 있다. 신약은 (구약의) 기존 의미가 아니라 성취 사실에서 시작하며, 그런 다음에 필요한 내용을 구약에서 찾는다. 구약은 신약에 새로운 지식을 제공하지 않는다. 성취의 빛 아래서 신약 저자들은 구약의 진술에서 예언을 찾아낸다.

  구약은 창세기 3장 15절부터 오실 메시아를 대망하고 있다. 이 본문은 전통적으로 '원시 복음' 또는 '어머니 약속'으로 지칭되었다. 야웨께서 아브라함에게 하신 씨에 대한 약속(창 12:1~3), 다윗에게 주신 왕위에 관한 약속(삼하 7:11~16, 23:1~7), 여러 시편들(2편, 16편, 110편 등)과 여러 예언서의 약속들(사 7:14, 9:6, 11:1~10, 52:13~53:12 등)은 모두 오실 메시아와 그의 사역을 예언하고 있다.

예수 그리스도는 구약 성경이 자기를 증거하고 있다고 가르치셨다. 이런 가르침에 근거하여 오순절을 경험한 사도들은 성령으로 구약을 기독론적으로 해석했다. 사도행전 2장과 3장에 기록된 베드로의 설교가 대표적이다. 또한 구약의 제사법 등에 근거하여 예수의 사역이 구약의 성취였음을 히브리서 기자는 잘 설명하고 있다.

이처럼 신약이 구약의 성취인 것은 그리스도가 성경의 중심이기 때문이다. 예수께서는 피동적으로 구약에 자기를 맞추지 않고 능동적으로 성취하셨다. 이를테면 예수는 정치적 메시아는 아니셨다. 잡히시기 직전에 칼이나 천사의 힘을 불러들이지 않으시고, 자기의 방식대로 '성경을 이루셨다'(마 26:52~54). 구약을 아시는 분으로서 그분은 그릇된 구약관을 가지고 있는 육적인 제자들을 교훈하셨다. 때로는 구약의 말씀을 그대로 성취하기도 하고, 때로는 환상을 깨어 버리는 방식으로 성취하기도 하셨다. 그리스도 안에서 구약이 성취되었기 때문에 이 관점에서 구약을 읽어야 구약을 구약 그대로 읽을 수 있다. 이것이 곧 구약의 기독론적 해석 또는 구원역사적 구약 해석이다.

예수께서는 구약의 하나님을 "내 아버지여"(마 26:39 등)라고 불렀다. 이전에는 누구도 하나님을 아버지라 부르지 않았다. 그와 동시에 예수께서는 자기가 그 아버지의 아들이심을 말씀하신다.

성자께서 성육신하는 일을 준비하신 성령의 사역은 한 마디로 "성령으로 잉태되다."에 들어 있다. 구약에서 성령은 개인 위에도 임하지만(삿 6:34 등), 주로 창조와 섭리의 주체로 사역한다(욥 26:12, 시 33:6). 성령은 해방을 베풀고 생기를 주는 힘이요 우주 내의 생명의 근원이다(욥 33:4, 시 104:29~30). 이 큰 틀 안에서 이스라엘의 지도자나 선지자들 위에 야웨의 영이 임하고, 이로써 이스라엘은 언약 백성이 된다(사 44:3). 야웨의 종 위에도 영이 임하여 자기 백성을 위한 구속 사역을 이룬다(사 42:1, 61:1).

삼위일체 하나님은 이와 같이 서로 협의하고 협력하여 구원 사역을 행하시고 완성하신다. 성령은 개인, 언약 백성의 지도자나 직분자 위에 임할 뿐만 아니라 우주적으로도 사역하시지만, 이 모든 사역의 집약은 메시아의 사역이다. 이것이 부활한 예수께서 "하늘과 땅의 모든 권세를 내게 주셨다."고 하신 말씀의 뜻이다. 교회는 이를 세례와 성찬으로 이루어진 예배에서 체험하고 세상에서 구현한다.

삼위일체론의 내적 현장: 예배

이 장에서는 삼위일체론이 형성된 주후 300년대까지 고대 교회의 예배를 살핀다. 교회는 처음부터 주님의 날, 곧 예수께서 부활하신 날에 모여 예배를 드렸다. 「디다케」(100년경), 「사도규정」(150년경)과 히폴리투스의 「사도전승」(215년경)과 다른 교부들의 기록에서 예배의 순서를 살필 수 있다.

예배와 삼위일체 하나님

예배는 예배자와 예배를 받는 삼위일체 하나님 사이에 일어나는 대화이고 교제이다. 따라서 예배에는 주고받음(수교, 수여)이 있다. 하나님께서는 예배자에게 먼저 주시고 그리고 받으시며, 예배자는 하나님께 먼저 받고 그리고 드린다. 고대 교회의 예배와 그 발전 과정을 살펴보면, 하나님께서는 설교와 성례로 자기를 예배자에게 주신다. 예배자들은 설교와 성례에서 하나님을 받아 기도와 찬양으로 자기 자신을 드렸다. 이처럼 예배는 예배자와 삼위일체 하나님께서 서로를 주고받는 교제이며, 예배 중에서 하나님과 예배자는 신비적 연합을 이루고 다진다.

삼위일체 하나님에 대한 고백과 찬송의 자리는 세례, 성찬, 임직, 사도신경과 학습 교육 등이다. 그런데 이것들은 예배의 일부이거나 예배를 향한 절차이다. 예배가 삼위일체 하나님에 대한 고백의 현장이요, 이 예배가 삼위일체론의 자리이다. 이것은 삼위일체론 형성 역사에서 보자면 긍정적인 측면이라 하겠다.

「사도규정」에 나오는 예배의 순서를 살펴보자. 먼저 한 독서자가 구약(역사서+시가 또는 선지서), 다른 독서자가 다윗의 찬송, 사도행전, 서신서와 복음서를 읽는다. 성경 낭독 시에는 장로, 집사와 회중(laos)이 모두 조용히 일어선다. 장로가 차례로 권면하고 마지막으로 감독이 권면한다. 주님의 말씀에 집중하도록 집사는 정숙을 유지시킨다. 이 권면의 말씀이 끝나면 문지기는 남자반, 여집사는 여자반의 입구에 선다. 학습자와 참회자가 자리를 떠나면 일어서서 주님이 승천하신 동쪽을 바라본다. 그곳은 에덴동산이 있는 곳이기도 하다.

이후에 집사 몇이 빵과 포도주를 성찬상에 놓는다. 다른 집사들은 회중을 보고 정숙하게 한다. 감독 오른편에 선 집사는 서로 다투지 말고, 위선을 행하지 말라고 외친다. 그리고 동성

끼리 평화의 입맞춤을 나눈다. 집사는 온 교회와 온 세상과 위정자와 세계의 평화를 위하여 기도한다. 감독은 백성에게 평화를 빌면서 야웨께서 아론에게 명한 대로 복을 선언한다(민 6:24 ~26). 이러는 동안 문을 지켜 불신자나 입교하지 않은 자는 들어오지 못하게 한다.

제물(thusia)을 주목한 뒤, 회중은 서서 묵상기도를 한다. 성찬 기도 자체는 송영이다. 제물을 감사하면서 경건하게 참여한다. 그리고 마지막에는 "모든 영광, 경배와 감사와 존귀와 위엄이 성부와 성자와 성령께 있을지어다."로 마친다. 여기에서는 삼위의 이름이 나란히 나온다. 성찬 후에는 몇 차례 연이어 기도하면서, 성자를 통하여 성부와 성령께 영광과 존귀와 찬송과 송영과 감사를 돌려드린다. 성찬을 마치는 기도에서도 삼위일체께 영광, 존귀와 위엄과 경배와 숭배를 드린다.

삼위일체 하나님께서 자기를 주심

예배의 주인은 하나님이시다. 그분은 예배자를 초청하시고 말씀과 성례로 대접하시며 교제하신다. 이렇게 자신을 주시는 하나님은 삼위일체 하나님이시다.

말씀

고대 교회에는 사도와 선지자들이 있었고, 순회 전도자와 선교 설교자도 많았다. 고대 로마제국에는 잘 정비된 약 8만 킬

로미터의 포장도로가 있었고 지도도 잘 구비되어 있었다. 고대 교회에서는 많은 전도자들이 이 길을 따라 곳곳을 다니며 열정적으로 복음을 전했다.

초기의 설교는 전도자들이 행한 '선교적 설교'였다. 그러나 이것이 혼란의 요인이 되기도 했다. 그릇된 사상을 지닌 설교자들이 나타나서 교회와 회중을 혼란스럽게 만든 것이다. 사도들과 그들의 동역자들이 죽은 이후, 주후 150년까지는 설교가 침체하는 시기라는 지적까지 나온다. 이런 이유들로 인하여 '목회적 설교'로 권면과 교육을 강화해야만 했다. 목회적 설교는 여러 실천적 사안들에 대한 권면을 담고 있다. 즉, 여성 문제, 노예 문제, 부자와 가난한 자의 관계, 이방인 문제 등이 있었고 외부로는 유대인과의 갈등이나 로마의 핍박이 있었다. 믿음을 고백하면 가족들이나 사회로부터 배척당하는 위험을 감수해야 했다.

사도들의 설교나 그들이 기록한 신약성경과는 달리 초기 고대 교회의 설교는 실천적이었고 교리설교는 드물었다. 신약 성경이 널리 보급되지 못했고, 교통과 통신의 미비로 인하여 건강한 교리를 바로 전하기가 쉽지 않았다. 여전히 구약 성경에 의존적이었고 삼위일체 하나님을 전하는 설교는 흔치 않았다. 즉, 하나님이 성부이심과 그리스도의 선재성(先在性)과 신성과 인성을 믿었고, 성령을 경배했지만, 삼위의 관계를 논한 것은 거의 없다. 제일 오래된 설교인 「제2 고린도서」(고린도후서와 다름)는 성부께만 송영을 돌려드린다(20장).

고대 교회의 예배에는 성찬이 중심이었던 반면, 성경 낭독만 있었고 예전적 설교는 아직 정립되지 않았다. 이미 순교자 유스티누스(100~165년경)가 성찬 시에 감독이 성경을 강해한다고 했지만, 설교가 회중 예배에서 예전적 설교로 자리를 잡은 것은 상당한 세월이 흐른 뒤였다. 다만 성찬에 앞서 낭독하는 구약과 신약 성경의 본문은 주로 예수의 십자가와 부활, 오순절에 임하신 성령과 관련된 것이었다. 이 낭독이 예전적 설교의 효시라고 본다면, 설교가 삼위일체적이었음을 알 수 있다.

설교자에 대한 이해가 이것을 잘 보여 준다. 「사도규정」에서는 감독에 대해 말씀의 종이요 지식의 수호자이며, 예배의 많은 부분에서 하나님과 회중의 중보자이고 경건의 교사라고 말하면서, "하나님 다음으로 말씀과 성령으로 너희를 낳았으니 세상적인 하나님"이라는 표현까지 쓴다. 그러나 고대 교회에서 감독은 역시 성찬의 집례자였다. 성찬에 대한 이해가 감독의 직무를 설교자보다는 성찬 집례자로 자리매김했다.

세례

교회는 지금도 매주일 예배에서 사도신경을 고백한다. 사도신경은 삼위일체 하나님을 향한 대표적인 고백이다. 현재는 사도신경을 기도하듯이 진술하고 암송한다. 그런데 이것은 사도신경의 원래 모습은 아니다. 교회는 교회역사의 초기부터 사도신경을 질문과 대답의 형식으로 사용했다. 곧, 세례식 중에 집례자가 "당신은 성부 하나님을 믿습니까?"라고 질문하면, 세례를 받을 이는 "나는 믿습니다."라고 대답한다. 집례자는 차례로 성자와 성령 하나님을 믿느냐고 질문하고, "나는 믿습니다."라는 대답도 이어진다. 집례자는 삼위일체의 이름으로 세례를 베풀고, 성령의 은혜를 간구한다. 그리하여 세례교인이 삼위일체 하나님의 영광을 위하여 살도록 간구한다.

고대 교회에서 세례의식은 장중했다. 세례를 받기 위한 준비 기간은 3년이었다. 먼저 학습자의 직업을 살핀다. 창녀를 조종하는 포주, 신상 조각가나 화가, 극장 배우와 연출자, 교사, 검투사나 (맹수) 투사, 우상 제사장과 신전 경비원, 군인과 관리, 창녀와 호색가, 마법사나 점쟁이, 해몽가와 협잡꾼, 화폐 위조범, 부적 제조자 등은 직업을 포기해야 한다. 세례식 직전에는, 학습 기간 동안 과부를 돌아보고 병자를 심방하고 여타 선행을 행했는지를 살핀다. 이처럼 엄격한 준비 과정은 학습자가 받을 세례의 중요성 때문이다. 학습자는 세례로 그리스도와 함께 죽고 다시 살며 그분의 몸에 가입하고 연합한다(롬 6:1~11, 특히 6:4, 골 2:12).

사순절의 셋째 토요일이나 일요일에 세례 예비자는 '신앙의 규칙'을 전수받는다. 이 일은 세례당과 같이 차단된 장소에서 이루어진다. 이 신앙의 규칙은 외부에 알려져서는 안 되기 때문에 예비자는 그 내용을 기록할 수도 없다. 예비자는 전수받은 규칙을 일주일 후에 같은 장소에서 암송하는데 이것은 전수에 상응하는 반환이다. 전수받은 내용을 반환함으로써 신앙의 동일성을 확인하는 절차이다. 그리고 이 규칙의 내용을 강해한다. 말하자면 이전에 가르치고 배운 학습 내용에 대한 총정리라 하겠다. 학습자가 전수받아 반환하는 이 신앙의 규칙의 내용은 무엇인가? 그것은 다름 아닌 삼위일체 하나님을 향한 믿음이었다.

세례는 부활절 전날 저녁에 성도들이 참석한 가운데 교회당의 세례조(洗禮槽)를 중심으로 이루어진다. 세례수는 샘물이나 위에서 아래로 흐르는 물이어야 한다. 학습자는 교회당 서쪽에서 들어와 마지막 축사(귀신 추방)를 받는다. 그러고는 서쪽을 향하여 서서 장로의 선창을 따라 마귀와의 인연을 네 번 부인한다. "사단아, 나는 너와 너에 대한 모든 예배와 너의 허세와 너의 모든 행위들을 끊겠노라." 그러면 집례자는 "모든 영이 그대에게서 떠날지어다."라고 선언한다. 학습자는 그 다음에 동쪽으로 몸을 돌려 모든 회중이 보고 들을 수 있는 곳에 올라서서 성부와 성자와 성령 하나님에 대한 믿음을 고백한다. 그 다음에 옷을 다 벗고, 축사한 기름을 바르고 집사와 함께 계단을 걸어 내려와 세례조의 물에 들어앉아 침례를 받는다. 이때 집례자는 차례로 성부, 성자와 성령을 믿는지 묻고, 대답을 들을 때마다 한 번씩, 모두 세 번 물속에 넣어 침례를 시행한다. 한 번 잠기지 않고 세 번 잠긴다는 것은 삼위가 계심을 잘 보여 준다. 벗은 채로 물에서 나오는 것은 마치 어머니의 태로부터 나오는 탄생과 같다. 세례 받는 이는 새로 태어났다는 표시로 흰옷을 받아 입는다. 세례조는 옛 사람과 새 사람을 구분하는 물이다.

이제부터 학습자는 교인이다. 집례자는 그에게 기름을 바르고 옷을 입게 한 뒤에 교회당(성찬을 행하는 곳!)으로 들어가 회중 앞으로 나아가게 한다. 그리고 집례자는 손을 얹어 기도한다. "아무개를 성령의 중생의 씻음(딛 3:5 참조)으로 사죄에 합당한 사람이 되게 하신 주 하나님, 주님의 은혜를 이 사람에게 내려 주시사 주님의 뜻을 따라 주님을 섬기게 하시옵소서. 영광이 성부와 성령과 성자님께 거룩한 교회에서 이제와 세세에 있을지어다. 아멘." 이 기도 후에, 다시 기름을 바르고 이마에다 십자가를 긋는다. 마지막으로 평안의 입맞춤을 베풀고 회중석으로 인도한다.

세례를 받아 교인이 된 이는 이제야 비로소 온전한 예배자로서 성도들과 함께 기도할 수 있다. 기도를 마친 다음에 그는 모든 회중과 함께 평안의 입맞춤을 교환한다. 회중은 그리스도의 몸이 확장되는 장면을 가시적으로 목도한다. 그 다음에 헌금이나 헌물을 바쳐 완전한 교인의 의무를 처음으로 시행한다. 무엇보다도 이제는 완전한 교인으로서 성찬에 참여할 수 있다. 빵과 포도주뿐만 아니라 물과 우유와 꿀까지 받는데, 물은 성찬이 속사람을 정결하게 한다는 뜻이다. 우유와 꿀은 그가 약속의 땅(출 3:17 참조)에 들어왔다는 것을 상징한다.

갓 세례를 받은 이는 다음과 같이 삼위일체론적으로 기도드린다. "전능하신 하나님, 독생자 그리스도의 아버지시여, 저에게 깨끗한 몸과 정결한 마음, 경성(警省)하는 정신, 무오한 지식과 성령의 영향을 베푸사 그리스도를 통하여 진리를 얻고 확고하게 즐기도록 하여 주시옵소서. 그리스도를 통하여 성령 안에서 아버님께 영광이 영원히 있기를 비옵나이다."

세례는 부활하신 예수께서 직접 명령하셨고(마 28:19~20) 삼위일체 하나님의 이름으로 베풀라고 구체적으로 말씀하셨다. 이 명령대로 삼위일체 하나님께서는 세례에서 자기를 주시고, 수세자는 자신을 드려 삼위일체 하나님의 소유가 된다. 주고받음이다. 따라서 집례뿐만 아니라 집례자와 수세자의 기도가 삼위일체적 구조를 가질 수밖에 없다.

세례는 신비적 연합이다. 즉, 그리스도의 몸에 접붙여지는 일이며 그분의 몸인 교회에 가입하는 일이다. 이전의 삶을 등지고 이제부터는 거룩한 삶을 살겠다는 서약이다. 이 연합과 더불어 수세자는 삼위일체 하나님의 소유가 되며, 그분을 드러내는 삶을 살 수 있다. 세례의식에는 이른바 종교적 요소뿐만 아니라, 지극히 일상적인 삶에 대한 관심도 컸다. 곧, 교회 안과 밖에 있는 이웃을 향한 봉사의 임무도 동반한다. 이제부터 수세자는 삼위일체 하나님을 모신 성전(고전 3:16)이다.

삼위일체 하나님을 향한 믿음이 중심에 있는 세례는 무엇을 의도하는가? 세례는 완전한 교인됨을 인정하고 선언하는 의식이다. 세례 받기 전에 학습자는 오직 설교 말씀만 들을 수 있었다. 학습자는 세례교인만이 참석할 수 있는 성찬이 시작되기 전에 교회당을 떠나야 했다. 고대 교회에서 예배는 두 부분, 즉 말씀과 성찬으로 구성되었고, 성찬이 예배의 중요한 핵심이었다. 비록 세례는 매 주일 시행하지는 않았지만, 성찬에 참석할 수 있는 완전한 예배자가 되었음을 선언하는 의식이기 때문에 연계적으로 중요시되었다. 갓 세례를 받아 처음으로 성찬에 참여한 교인은 곧장 세례 후 학습, 곧 성찬에 대해서 부가적인 교육을 받는다. 세례로 그리스도의 몸에 가입하여 완전한 교인이 되었다면, 그 교인은 성찬으로 그리스도의 몸과 하나 됨을 직접 체험한다. 세례로 가입하여 성찬으로 그리스도와 교제를 나누는 것이다.

성찬

세례식 자체는 단순한 의식처럼 보이지만, 그에 앞서 상당한 기간의 교육이 있었고, 삼위일체 하나님에 대한 고백을 받아 되돌리는 순서도 있다. 세례 자체는 삼위일체론적 사건이며, 그 다음으로 집례자와 수세자의 기도 역시 삼위일체론의 구조를 지닌다. 세례는 삼위일체 하나님과 수세자 사이에 주심과 돌려드림으로 구성된다. 성찬도 마찬가지다. 매주일 행한 성찬도 단순한 의식처럼 보이지만, 주심과 돌려드림이 교차한다. 주심은 선언이나 말씀의 형태를, 돌려드림은 고백이나 기도의 형태를 취한다.

성찬은 예수께서 직접 제정하셨다. 붙잡혀서 십자가에 달리신 예수께서, 잡히기 직전 저녁 식사를 하면서 제자들에게 떡을 떼어 주면서 "받아서 먹으라. 이것은 내 몸이니라."(마 26:26)하고 말씀하셨다. 그리고 포도주를 돌리면서 "이것은 나의 언약의 피이다."라고 말씀하셨다. 예수께서 제자들과 나눈 최후의 만찬은 제자들과 교인들에게는 다시 오실 예수를 기다리면서 나누는 첫 만찬, 곧 성찬이다.

「디다케」는 성찬을 감사제로 보며, 먼저 잔에 대해 감사한다. **"우리 아버지,** 주님께서 주님의 종 예수님을 통하여 우리에게 알게 하여 주신 종 다윗의 포도나무를 감사하옵나이다. 주님께 영광이 세세에 있기를 간구합니다." 그 다음에는 쪼개어진 떡 (마 14:20, 15:37)에 대해서도 감사를 드린다. "우리 아버지, 주님께서 종 예수님을 통하여 우리에게 알게 하여 주신 생명과 지식을 감사하옵나이다. 주님께 영광이 세세에 있기를 간구합니다. 이 쪼개진 빵이 산 위에 흩어지고 다시 모여 하나가 되듯, 주님의 교회도 모든 세상 모퉁이로부터 모여 하나가 되게 하시옵소서. 영광과 권세가 예수 그리스도를 통하여 세세에 있을지어다." 그들은 "거룩한 것을 개에게 주지 말라."(마 7:6)고 하신 주님의 말씀을 인용하면서 오직 주님의 이름으로 세례를 받은 자만이 성찬에 참여하여야 한다는 것을 강조한다. 하지만 이러한 성찬 문맥에서는 성부와 성자 하나님을 언급하지만 성령 하나님은 나오지 않는다.

「사도전승」의 기도문은 다섯 부분으로 구성되어 있고, 성령을 언급한다. 첫째로, 예수 그리스도의 구원 사역에 대하여 성부 하나님께 드리는 감사의 기도가 나온다. 성부께서는 말씀이신 그분을 통하여 만물을 창조하셨고, 그분을 가장 기뻐하신다. 두 번째로, 예수의 사역과 성찬 제정의 말씀이 나온다. 계속되는 기도 중에 성부 하나님께서 성자 예수를 보내심과 사도신경의 제2부를 연상시키는 구속사를 계속 언급하고 성찬 제정의 말씀을 인용한다. 셋째로, 성찬의 기초로 예수의 죽음뿐만 아니라 부활까지 기억한다. 넷째로, 성령을 보내 주실 것을 청한다. 성령께서 떡과 포도주가 은혜의 방편이 되게 하시며, 성찬 참여자를 하나 되게 하시고 믿음을 굳세게 하실 것을 간구한다. 빵과 포도주는 창조와 구원과 성화를 다 담고 있다. 마지막으로 예수를 통하여 성부와 성자와 성령께 동시에 송영을 드린다. "우리로 하여금 아버지의 아드님이신 예수 그리스도를 통하여 주님께 찬미와 영광을 드리게 하옵소서. 그리스도를 통하여 성령과 함께 주님께 영광과 영예가 거룩한 교회 안에서 지금과 세세에 있으소서. 아멘."

첫 번째와 두 번째와 네 번째 기도는 사도신경을 생각나게 한다. 두 번째 부분에 끼어 있는 성찬 제정의 말씀을 괄호 안에 넣는다면, 사도신경에다 삼위일체 하나님을 향한 송영이 덧붙여진 이원적 구조이다. 삼위일체 하나님의 구원 사역을 기도 중에 열거하고 난 뒤에, 그분들을 향한 송영으로 마무리하는 셈이다. 이처럼 예배의 주요 부분인 성찬 기도도 삼위일체 하나님과의 깊은 교제를 지향한다.

성찬에서는 그리스도와의 현재적 교제와 그분의 과거 사역에 대한 기억과 재림의 미래에 대한 대망이 중심을 이룬다. 성찬에 참여하는 교인은 떡과 포도주로 그리스도의 몸을 먹고 피를 마실 뿐만 아니라, 그리스도와 교제한다. 이 교제가 기초가 되어 함께 참여한 교인들과도 교제한다. 성찬으로 그리스도의 죽으심을 기억한다. 나아가 그분의 부활을 고백하고 우리의 부활을 소망한다. 성찬에는 예수께서 행한 모든 사역, 곧 성육신과 3년의 지상 사역, 고난과 십자가, 부활과 승천을 기억하고, 영광 가운데 다시 오실 그분을 기다리는 일이 포함된다. 성찬은 과거의 사건만을 기억하는 것이 아니라 떡과 포도주 가운데 현재 임재하신 그분을 만나 교제하고, 나아가 다시 오실 그분을 기다리는 것, 곧 종말론적 신앙의 고백이기도 하다. 지상에서 행하는 성찬은 천상의 주님과 더불어 나누는 교제이다.

성찬은 기독론적 의미만을 지닌 것이 아니다. 성찬 기도는 성자 예수를 보내 주신 성부 하나님께 그분을 통하여 감사를 드리며, 성령께서 성찬에 임하셔서 은혜를 내려 주시고 믿음을 굳세게 해 주실 것을 간구한다. 기도의 마지막 부분에서는 성령과 함께 성자 예수를 통하여 성부 하나님에게 영광을 돌린다. 그리스도의 사역에 기초를 둔 성찬은 삼위일체 하나님의 자기 계시의 현장이다.

임직

설교와 세례와 성찬을 집례하는 이를 가리켜 직분자라 한다. 그런데 직분자를 세우는 임직식도 삼위일체 하나님의 이름으로 이루어진다. 「사도규정」에 이 부분이 잘 나온다.

우선 회중이 감독을 선출한다. 감독을 선출한 다음 지정된 주일에 지역교회의 회중과 장로들은 동석한 다른 교회의 감독들과 함께 회집한다. 회중이 선출하지만, 인접 지역 감독들의 참여로 전체 교회의 인정을 받는다는 의도이다. 사회자는 선출

된 감독 후보자가 적격자인 것을 성부와 성자와 성령 하나님 앞에서 재차 확인한다. 장로들과 감독들이 곁에 서서 기도하는 동안, 세 명의 감독들은 후보자에게 손을 들어 직분자로 세운다. 집사가 복음서를 펴서 후보자의 머리에 받히고, 모든 이들이 침묵을 지키면서 성령 임하심을 기도한다.

이때 감독 한 사람이 안수하면서 임직 기도를 드린다. 그런데 이 기도의 구조가 삼위 하나님을 향한다. 먼저, 구약 시대에 왕과 제사장의 직분자들을 세우신 하나님 아버님께 찬양을 드린다. 그러면서 성부께서 성자에게, 성자께서 사도들에게 주신 성령을 직분을 받는 감독에게도 내려 주시기를 간구한다. 그가 감독의 직분을 잘 수행하여 목양을 잘 하며, 성자를 통하여 성부께 감미로운 향기를 바치게 해 주실 것을 계속하여 빈다. 그리고 그리스도를 통하여 성부와 성자에게 성령과 더불어 송영을 올리면서 임직 기도는 끝난다.

삼위 하나님의 이름으로 베푸는 세례와 삼위 하나님의 구원 사역을 열거하고 기억하면서 교제하는 성찬을 집례할 직분자들이 삼위 하나님의 이름을 부르면서 직분을 받는 것은 너무나 당연한 일이 아니겠는가.

교회가 자기를 삼위일체 하나님께 드림

하나님께서 자기를 주시는 세례와 성찬에는 회중의 자기 드림의 방식인 기도가 있어서 예배가 교제임을 보여 주었다. 이제

회중의 자기 드림의 중요 방식인 기도와 고백을 살펴보자. 기도와 고백은 주심에 대한 응답의 성격을 지닌다. 세례교육은 예배에 속하지는 않지만 이 문맥에서 살필 수 있다. 삼위일체 하나님께서 주시는 것이 예배자가 드리는 것보다 많고 강력하다. 이것은 예배자가 예배에서는 주로 받아 예배당 밖 세상에서 자신을 드려야 함을 보여 준다.

기도와 송영

고대 교회의 기도는 구원역사적이고 삼위일체론적인 구조를 지닌다. 하나님을 불러 그리스도를 통하여 드리는 기도도 실상은 성부 하나님께 드리는 기도다. 기도는 오직 그리스도의 공로를 기초로 하여 드릴 수 있다. 이것은 「사도전승」에 잘 나타난다. 기도에는 경배, 감사, 회개, 보호 간구, 은혜를 청하는 내용이 포함된다. 기도의 이 요소들을 크게 두 부분, 즉 감사와 간구로 대별할 수 있다.

무엇보다도 기도는 감사를 돌려드리는 방편이다. 성도는 성부께서 이루어 주신 광범한 은사, 즉 예수를 통하여 성령 하나님을 보내심으로 보여 주신 모든 은사를 감사드린다. 이것을 베푸시는 근거는 하나님께서 우리를 선택하심에 있다. 감사는 성찬에서도 잘 나타난다.

기도는 또한 간구이며, 간구의 기초도 감사의 근거인 은사이다. 우리는 기도를 통해 삼위일체 하나님께서 구원역사적으로 베푸신 은사에 기초하여 장래에 대한 보호를 간구하고, 교회가 교회답게 살 수 있게 도움을 청한다. 모든 교회를 위하여 기도하면서 승리하고 영생에 이르기를 간구한다. 이 또한 기독론적이고 삼위일체론적이다.

서방(로마)교회의 예전에서는 덜 나타나지만, 동방교회의 예전은 항상 송영으로 기도를 마친다. 즉, 송영은 기도의 끝부분과는 별도로 존속했다. 송영도 성자를 통하여 성령 안에서 성부를 향한다. 우리가 삼위 하나님을 부르거나 구체적으로 거명할 때 구원역사적일 수밖에 없다. 즉, 하나님께서 예수 그리스도를 통하여 이루신 구원역사를 성령 안에서 거론하고 영광을 돌린다. 이에 대한 응답은 성령 안에서 성자 예수를 통하여 성부 하나님께 돌리는 송영이다.

초기에는 성부께만 드렸지만, 점차 성자께도 돌려드리면서 삼위일체께 동시에 드리는 송영이 점차 대세를 이룬다. 이렇게 송영은 삼위 하나님께 나란히 드리기 때문에 일체성을 확립하기에는 어려움도 뒤따랐다. 그러나 아리우스파의 주장을 논박하면서 송영은 대부분 삼위일체 하나님께로 향한다.

사도신경과 니케아신경

세례 시에 질문하는 내용은 삼위일체 하나님의 사역을 간결하게 정리한 것인데, 그것은 사도신경의 원시 형태(로마신경)이다. 성찬에서도 사도신경과 유사한 내용으로 기도한다. 이와 같이 세례와 성찬에서 삼위일체 하나님의 구원 사역을 나열한다.

고백이 발생하는 자리는 원래 세례가 아니라, 학습 교육이었다. 즉, 세례 자체가 아니라 세례로 이끄는 교육 과정에서 발생했다고 할 수 있다. 학습자는 삼위일체 하나님의 이름으로 세례를 받을 터인데, 그는 이 삼위일체 하나님이 어떤 분이신지를 알아야 한다.

이런 배경에서 사도신경은 3부로 이루어져 있다. 한 단어가 아니라 여러 단어로 삼위일체 하나님의 사역을 열거한다. 성부 하나님과 창조, 성자 하나님과 구속 사역, 그리고 성령 하나님과 교회 또는 성화 사역을 정리하여 요약한다. 그래서 이미 3세기부터 '삼위일체 신경'(키프리아누스)으로 불리기도 했다. 지금과 같은 형태의 사도신경은 주후 5~6세기경에 완성되었지만, 삼위 하나님을 고백하는 기본 구조는 이미 150년경에 로마에서 형성되었다.

사도신경을 사도들이 작성하지는 않았다. 그러나 1,500년 동안 이 생각이 강하게 지배했다. 이미 5세기 초엽부터 사도신경을 사도들이 직접 작성했다는 전설이 나돌기 시작했다. 즉, 성령 강림 후 사도들은 사방으로 흩어져 복음을 전하기 전에, 함께 모여 새로 복음을 믿을 자들이 서로를 확인할 수 있는 증표(신경)를 만들기로 했다는 것이다. 그래서 열두 사도들이 한 항목씩 기여(제출)하여 열두 항목으로 구성된 사도신경을 만들었다는 것이다. 그런데 1438년 동서방 교회가 합동 회의를 시작하던 때, 동방 대표는 사도신경의 존재를 알지 못했다. 사도적 기원은 르네상스 시대에 들어와서야 공식적으로 반박된다. 동방교회는 사도신경 대신에 니케아신경을 고백했다. 게다가 서방도 한동안은 사도신경이 아니라 이 신경을 고백했다. 로마제국과 고대 로마교회가 막강한 권력을 갖는 과정에서 이런 경건한 픽션이 만들어졌다고 하겠다. 하지만 비록 사도들이 직접 작성하지는 않았지만, 사도신경의 내용은 성경에서 나왔다.

신경은 교육을 포함한 포괄적인 세례의식의 품에서 생겨나고 성장했다. 기본 구조는 세 번의 질문과 세 번의 침수에 있고, 그 내용은 기독교의 교리를 학습 과정에서 전달한 삼위일체 하나님의 사역을 담고 있다. 각 지역의 모교회마다 세례의식이 고유하게 정착했는데, 구조나 내용에서 대단한 유사성이 나타난다. 기초가 마태복음 28장 19~20절이기 때문이다. 나아가 지역 교회가 교류하면서 상호 영향을 주고받았다. 다양한 고백들이 있었지만, 동방과 서방에서 다양성과 동시에 유사성이 뚜렷하게 나타난다. 다양한 형식의 고백들이 공존하면서도 경쟁했다.

고대교회의 고백들은 세례에서 연유한다. 더 정확하게 말하자면 준비 과정인 학습 교육을 뿌리로 삼는다. 당시에는 세례로 자기를 주시는 삼위일체 하나님을 공부했다. 이 삼위론적 구조에 기독론이 보강된 것이 로마신경의 출발이요, 이 로마신경은 계보상 모든 서방교회 고백들의 조상이다.

학습 교육

이 세상에서 하나님 나라의 백성으로 살아가면서 그 나라를 세워 나가도록 준비시키는 학습 제도는 교회 회원의 가입 의식과는 불가분리의 관계를 지닌다.

세례 받는 사람이 세례수 안에서 완전한 새사람으로 거듭나야 하기 때문에 학습 제도는 엄격했다. 학습 제도는 아무나 교인이 될 수 없다는 것을 잘 보여 준다. 학습자는 오랜 기간 동안 교육을 받고 그 삶을 검증 받는다. 특히 교회당 안에서도 학습자는 세례교인과 같은 자리에 앉을 수 없었다.

성경에 고정된 삼위론적 문구는 나오지 않는다. 그러나 학습 교육 과정은 다름 아닌 성경에서 나왔다. 세례의 주재자가 삼위일체 하나님이시기 때문에 학습자는 이 하나님을 알고 고백해야 한다. 이 점에서 학습 교육은 중요한 과정이다. 게다가 기독교 공인 이전에는 박해를 감당해야 했기 때문에 분명한 믿음의 열정이 없이는 학습자조차 될 수 없었다.

학습 교육에 대해서 알려진 바는 많지 않다. 「디다케」는 삼위일체 하나님의 이름으로 시행하는 세례(7장 이하)를 말하기 전에 "두 길", 곧 생명의 길과 사망의 길에 대해서 가르쳐야 한다고 말한다. 생명의 길은 하나님과 이웃을 사랑할 것과 황금률을 따라 살 것을 권한다. 세례 교육이 있었다는 분명한 증거이지만, 이 두 길에는 삼위일체 하나님에 관한 언급은 나오지 않는다.

세례 교육 기간이 3년이어야 하되, 융통성 있게 적용할 수 있다는 기록은 있다. 물론 학습자들이 매일 교육을 받지는 않았을 것이고, 신자들을 위한 교리 교육에 함께 참여했을 가능성이 크다. 신자들은 교리 교육이 있는 날에 하나님의 말씀을 듣는 것을 중히 여겨야 한다는 권면을 받는다. 이로 보건대 교리 교육 참석은 신자들에게는 권고 사항이고, 학습자들에게는 의무 사항이었을 것이다.

학습자는 창조, 섭리와 율법의 여러 시대를 공부한다. 왜 피조 세계 안에서 시민으로 살아야 하는지도 배운다. 자기 본성을 알며, 하나님께서 악을 벌하고 성도들을 영화롭게 하신다는 것, 즉 자유와 경건, 의와 영생을 얻게 하신다는 것을 배운다. 학습자에게 안수하는 자는 손을 그에게 얹고 하나님께서 창조하심과 그리스도를 보내 주심에 대해 감사한다. 또 학습자를 정화하고 성화시키실 것을 간구한다. 또 중생(重生)의 은혜와 자녀로 삼아 주심을 감사하고, 학습자가 마음과 말과 행위에서 죄에 대해서는 죽고 하나님을 향해서는 살도록 기원한다. 이 감사기도 후에 학습자는 주님의 성육신, 고난과 부활과 승천에 관한 교리를 배워야 한다. 즉, 학습은 내용이 성경에서 나왔고, 구원사를 정리하여 공부하는 것임을 알 수 있다.

그런데 학습자의 교육 내용을 언급하는 이 부분은 삼위 하나님을 이야기함으로써 시작된다. "경건의 진리를 배울 자는 태어나지 않으신 하나님에 대한 지식과 그분의 독생자에 대한 이해와 성령에 대한 확고한 인식을 세례 전에 교육받아야 한다"(「사도규정」). 학습자가 계속 배우는 것은 삼위일체 하나님에 대한 지식과 이해와 인식에 대한 광범위한 보충 교육이라 하겠다.

키릴루스(313~387)의 「교리교육서」는 3부 24편으로 구성되어 있다. 제1편은 세례청원자를, 열여덟 편은 사순절의 세례청원자들을, 마지막 다섯 편은 갓 세례를 받은 사람들을 대상으로 씌어졌다. 기독교가 공인됨에 따라 많은 이들이 교회로 몰려들었기 때문에 첫 편엔 경고가 담겨 있다. 즉, 가족을 의식하지 말고, 예복을 준비(마 22:11~14)할 것과 함께 세례는 정화의 목욕이며 그리스도의 성전을 세우는 일임이 언급된다. 열여덟 편 중 첫 1~3편은 죄, 회개, 사죄, 그리스도의 죽음과 부활에 참여하는 세례를, 4~5편은 기독교의 신관과 인간관의 기본 원리와 신경을 항목대로 설명하기 위하여 믿음이 무엇인지를 말하고, 6편은 한 분 하나님, 7~9편은 성부, 창조자를, 10~15편은 성육에서 재림까지의 성자를, 16~17편은 성령을, 18편은 교회를 다룬다. 마지막 다섯 편은 갓 세례 받은 자를 위한 문답인데, 비밀 규율로 규정된 주제, 곧 세례, 공적 신앙고백과 성찬에 관해서 가르친다. 이처럼 사순절 세례청원자들이 중점적으로 복습하는 내용은 바로 삼위일체 하나님이시다.

삼위일체론의 형성과 발전: 교회사

삼위일체론에 대한 몇 가지 오해가 있다. 첫째로, 인간이 고안한 사변이라는 오해가 있다. 니케아공의회(325)와 콘스탄티노플공의회(381)에서 삼위일체론을 확립했는데, 인간들이 주재하고 토론했던 회의가 성자 하나님과 성령 하나님의 신성을 결정한 것은 신뢰할 만한 권위가 없으며, 삼위일체론은 사변일 따름이라는 오해이다. 둘째로, 이단 논쟁의 결과로 발생했다는 오해이다. 아리우스와 같이 그 당시 그리스 교양에 익숙했던 자들이 성자와 성령의 신성을 부인한 것이 계기였기 때문이다. 즉, 이단의 도전이 없었다면 삼위일체론도 등장하지 않았을 것이라는 오해이다. 셋째로, 삼위일체론은 내용과 표현 용어에서 복음의 그리스화라는 오해이다. 하르낙(1851~1930)은, 삼위일체론으로 대표되는 교의는 그리스 정신이 복음의 토양에서 얻은 결실이라고 폄하한다. 즉, 기독교가 지적이고 철학적인 욕구를 따라 당대의 교양을 이용하여 복음의 내용조차 변질시켰다는 주장이다.

삼위일체론의 형성에 이러한 오해들의 소지가 전혀 없는 것은 아니다. 하지만 이것들은 단지 오해일 따름이다. 교회는 애초부터 삼위 하나님을 믿었고, 예수 그리스도 안에 나타난 성부의 사랑을 성령의 교제 중에 고백했다. 교회는 삼위 하나님을 고안하지 않았을 뿐만 아니라, 이단과의 투쟁을 통하여서 비로소 이 고백의 내용에 이른 것도 아니다. 사실 처음부터 교회는 부활하신 주님이 마태복음 28장 19~20절에서 부탁하신 일, 곧 부활의 주님을 전파하고 삼위일체 하나님의 이름으로 세례를 베풀고 가르치는 일을 잘 준행했다.

세례와 세례교육의 맥락에서 형성된 사도신경은 성경의 삼위 하나님에 대한 가르침을 가장 잘 요약했고, 세례를 통하여 교회를 설립하고 삼위 하나님께 예배드리는 데 지대한 기여를 했다. 무엇보다도 예배와 기도에서 그리스도가 차지하는 위치가 삼위일체론 형성에 주요한 역할을 했다. 삼위일체론은 삼위 하나님에 대한 신앙을 사수하기 위한 울타리였다. 교회가 삼위일체론을 형성하게 된 것은 일차적으로 방어적인 것이 아니라, 맡겨진 사명을 잘 감당한 결과였다. 우리가 다루려는 개별 신학자들의 입장은 그들 각자의 지적 작업이 아니라 교회의 경건을 잘 정리하고 반성한 결실이다.

니케아회의 이전

초대교회 교인들이 예수를 주(主)로 고백할 때, 구약의 하나님의 단일성(일체성)과 예수와의 관계가 논의의 중심에 있었고, 이 단일성을 유지하려고 예수를 성부에게 종속시키는 종속설이 당시의 일반적 경향이었다. 심지어 정통적인 교부(教父)라 할지라도 이런 종속설의 흔적을 다 떨쳐 버리지 못했다. 다만 니케아회의 이전에 이런 종속설이 크게 문제가 된 적은 없었으며, 혹 문제로 지적되었다면 그들은 겸허하게 올바른 입장을 수용했을 것이다. 이것이 정통과 이단의 갈림길이라 할 수 있다.

유대인 개종자들 중에는 예수의 신성을 부인하고, 자신들이 알고 지냈던 예수가 하나님의 양자로 입양되었다는 입장을 표방하는 경우가 많았다. 이와는 반대로 영지주의자들은 구약의 하나님은 열등한 하나님이요, 예수 안에서 자신을 계시했던 하나님이 사랑의 하나님이시요 선신(善神)이라는 주장을 폈다(마르키온). 초기 변증가들 중에는 역사적 예수 그리스도 안에서 신성한 영이요 선재하던 하나님의 아들이 직접 인성과 결합했다는 성령 기독론을 말하는 이들도 있었다.

교회가 확장되어 그리스어를 사용하는 동방교회가 정착되자 그리스 철학이 교회의 언어에 영향을 끼치기 시작하면서, 특히 요한복음에 나오는 말씀(Logos)을 그리스 사상의 로고스론으로 해석하는 분위기가 조성되었다.

그리하여 이제는 단일한 하나님만이 아니라 로고스론을 이용하여 하나님 안에 있는 **다원성**을 말할 수 있는 계기가 마련되었다. 이런 식의 다원론은 다시 단원성을 강조하는 단원론의 반격을 촉발했다. 단원론(군주론 또는 주권론은 합당한 번역어가 아님)은 성부의 단원성, 곧 성부를 신성의 단일한 원인으로 고수하기 위하여 성자의 신성을 성부의 신성에서 파생되었다고 말하거나 아니면 성부의 외현(外現) 방식이라고 보았다. 전자는 2세기에 강했다. 즉, 인간 예수의 세례나 부활 시에 신적 능력(동력)이 역사하여 그를 성자로 입양시켰다는 입장인데 이는 예수를 '반신반인(半神半人)'으로 만들었다(동력적 단원론). 후자는 서기 200년경부터 유행했으며, 대표적 주장자인 사벨리우스는 '성자-성부'라는 표현을 사용했다(양태론적 단원론). 단원론은 하나님의 단원성을 지키려는 좋은 동기에서 출발했지만, 이 단원성을 성경의 가르침과는 다르게 개진했다.

소아시아 출신으로 현재의 프랑스 리옹에서 활동했으나 그리스어를 사용한 이레네우스(140~202)도 일체성을 고수하면서 양태론적 경향을 보였다. 성부의 위격에서 출발하여 성부의 위격이 동시에 말씀과 지혜(곧 성자와 성령)를 가지고 있다는 식이다. 삼위일체 하나님에 대한 이런 식의 이해는 1~2세기에 널리 퍼져 있었다. 그럼에도 그는 구속역사의 관점에서 삼위일체론을 전개하는 좋은 길을 열었다.

이런 상황에서 두 교부가 등장하여 좋은 기여를 한다. 라틴어를 사용한 서방교회의 테르툴리아누스(160~220년경)도 역시 성부 하나님의 일체성에서 출발했다. 성부는 말씀과 성령을 가지고 계시다가 창조를 위하여 발출하셨다. 이처럼 그는 신성의 일체성과 동시에 세 위격(personae)에 대해서도 말하면서, 세 위격에 공유된 '본질'을 도입했다. 세 위격이 '한 본질(substantia)' 안에 동거하니, 신성은 삼위(trinitas)이시다. 구원역사를 위하여 일체성이 세 위격의 모습으로 전개되었다. 세 위격은 동질이지만, 동일하지는 않다. 이렇게 하여 그는 단원론과 영지주의 이단들에 잘 대처했다. 그럼에도 성자와 성령을 성부에 종속시키는 흔적은 그에게도 남아 있다.

동방의 오리게네스(185~254)도 하나님의 일체성을 강조했지만, 동시에 위격의 구별성을 더 강조했다. 엄격하게 말하자면 그에겐 성부만이 하나님이다. 로고스와 성령의 신성은 파생적이다. 그는 '위격(hypostasis)'이라는 용어를 도입하여 성부와 성자와 성령이 구별된다는 사실을 표현했다. 그리고 '본질동등(homoousios)'으로는 성자와 성령이 성부와 연합되어 있는 일체성을 표현했다. 삼위일체론의 정립을 위한 용어를 제창한 인물이지만, 그의 설명에는 결정적인 흠이 있다. 즉, 로고스를 성부의 피조물로 본 것이다. 그러므로 신약과는 달리 성자께 기도하는 것은 불가능해진다. 성자가 성부 밑에 있듯이, 성령도 성자 아래 있다는 위계적인 신론은 그가 신(新)플라톤 사상을 원용하여 신론을 전개한 대가다. 이 때문에 '본질동등성'은 니케아회의 이전까지 사용이 금지되었다.

그렇지만 오리게네스의 영향은 지대하다. 니케아회의 당시는 물론 그 이전과 이후에도 오리게네스의 삼위일체론이 논의를 지배하고 향방을 정했다고 해도 틀린 말이 아니다. 그에 의하여 로고스 기독론이 최종적으로 승리한다. 그러나 교회는 오해의 소지가 많은 로고스 기독론을 공식적으로 채택하지 않는다.

니케아회의

아리우스(256~336년경)와 그의 스승 루키아누스(?~312)도 오리게네스의 영향을 받았으나, 잘못된 한 측면만 강조하는 우를 범했다. 아리우스의 관심은 하나님의 독특성과 초월성이었다. 그는 한 하나님 곧 성부만을 유일한 하나님이라고 하면서, 신성의 일체성과 성자의 종속성을 철저하게 고수했다. 성부의 본질은 초월적이고 불변하므로, 타자에게 수여될 수가 없다. 성부 이외의 모든 타자들은 피조물이요, 무(無)에서 창조되었다. 게다가 성자가 성부에게서 출생했다는 것은 하나님에게 물리적 범주를 적용하는 것이기 때문에 도무지 불가능하다. 아리우스에 의하면, 하나님은 영원 전부터 말씀과 지혜를 가지고 계셨다. 그러나 이들은 결코 독립적인 위격들은 아니다. 예수 그리스도 안에서 육신이 된 말씀은 하나님의 피조물인데, 다만 완전한 피조물일 뿐이다. 그러므로 성부와 성자의 본질적 동등성이란 있을 수 없을 뿐 아니라, 아주 간교한 이단에 불과하다. 성자에게 신성이 이야기될 수 있다면 이는 비유적 의미이며, 본질적이지 않고 하나님의 은혜로 전가된 것일 뿐이다.

다른 편으로 아리우스도 위격이라는 말을 쓰고, 성자와 성령의 독특성도 가르쳤다. 그러나 이런 절대적 단원론은 그리스도를 '반신(半神)'으로 만들었고, 성령도 참 하나님일 수 없었다. 아리우스는, 하나님이 아닌 그리스도는 결국 성부를 실제적으로 알지 못하기 때문에, 성부를 완전하게 계시할 수 없다는 망언을 했다. 만약 하나님을 알려면, 성부 하나님 외에 그를 아는 다른 신을 상정하는 다신론을 도입할 수밖에 없는 위기에 처한다. 하나님의 일체성을 잘못 주장한 결과는 이렇듯 엄청나게 클 수밖에 없었고, 교회는 이를 방관할 수 없었다.

콘스탄티누스 황제는 아리우스 논쟁에는 필요 없는 사변이 지배한다고 판단하고 상호 사랑과 포용을 촉구했다. 여기에는 이런 논쟁으로 자신이 다스리는 로마제국의 통일이 위협받지 않게 하려는 정치적 고려도 있었다. 그는 최초의 공의회를 자신의 여름 궁정이 있는 니케아(오늘날 터키의 이즈니크)에 소집했고, 고백의 본문에 '본질동등성(homoousios)'을 삽입하도록 했다. 이는 테르툴리아누스가 쓴 성부와 성자는 '한 본질(una substantia)'이라는 라틴어의 그리스어 역어이기도 하다. 니케아 고백은 시리아–팔레스틴 고백과, 아마 예루살렘 고백을 기초로 삼았을 것이다. 니케아 고백(신경)은 논쟁의 핵심에 해당되는 기독론에서 예수는 피조되지 않았고, 출생되었고, 성부와 동등하다고 했다. 아리우스와 그의 두 친구만이 고백에 대한 서명을 거부했다. 이로써 성자가 피조되었다는 아리우스의 주장을 거부했다.

니케아신조는 그리스도가 하나님이라는 신약의 교훈을 무시하고 종속설적으로 그를 반신반인으로 만든 아리우스의 이단을 막는 데는 성공했다. 사실 아리우스의 체계는 신플라톤적으로 채색된 위계적인 철학적 신론이었다. 니케아회의는 이에 대응하는 또 다른 철학적 신개념으로 하나님의 비밀을 풀려고 하지 않았다. 교회가 '본질동등성'과 같은 용어를 사용하여 신앙을 고백했지만, 이것은 신앙을 개념적으로 해명하려는 시도가 아니었다. 왜냐하면 고백에는 필시 역설이 있기 때문이다. 즉, 말씀이 육신이 되었다는 역설이다.

그러면 니케아신조의 '본질동등성'의 뜻은 무엇인가? 이 용어는 단원론에 대항하여 성부와 성자의 수적(數的) '구별'을 전제한 '동등성'을 뜻한다. 작성 당시에는 성부와 성자가 동일한 신적 본성을 공유한다는 의미였다. 그러나 니케아회의 이전과 이후 상당 기간 동안 성부와 성자의 구별을 고려하지 않은 채, 본질의 (수적) 일체성으로 이해(오해)되었다. 나아가 본성의 일체성과 위격의 구별성의 관계 또한 고려되지 않았고, 양태론의 오해를 받았다.

니케아의 영웅 아타나시우스(295~373)는 '본질동등성'이 성자의 완전한 신성뿐 아니라 동시에 신성의 일체성까지도 표현한다고 해석했다. 그러면서도 용어 사용에 대해서는 유연한 자세를 취했다. 초기에는 성부와 성자의 일체성은 고려하지 않고 로고스의 신성만 강조했지만, 후기에는 신성의 일체성을 강조하다 보니 위격들 간의 구별이 모호해지게 되었다. 급기야는 성부의 신성과 성자의 신성은 동일하다는 주장을 하게 되었다. 물론 그는 성부와 성자는 구별된다는 것을 분명히 말했다. 따라서 아리우스파가 비난하듯이 그가 양태론에 빠진 것은 아니지만, 성부와 성자 간의 구별을 분명하게 제시할 수 있는 '위격'이라는 용어가 그에게는 없었다.

사실 아타나시우스의 관심은 구원론이었다. 예수 안에 피조된 반신반인적 본질만 있다면, 그는 구원자가 될 수 없다. 아타나시우스는 성자께서 하나님이셔야 우리를 '신품화(divinisation)'하실 수 있다고 확신했다. 삼위일체론은 단순한 사변의 산물이거나 그리스 정신과 용어가 복음을 잠식한 것이 아니라 이런 구원론적 관심과 배경에서 나왔다.

니케아회의 이후

아타나시우스가 남겨 놓은 문제는 3대 카파도키아(현 터키 중부 산악지대) 신학자들에 의해 정리되었고, 성령의 신성 고백으로 진전했다. 니케아회의의 결정을 수용한 자들 중에는 성령의 신성에 대해서는 확신을 갖지 못한 이들이 있었고, 콘스탄티노플의 감독이었던 마케도니우스(342~360)와 같은 성령부인파(聖靈否認派)들까지 더러 있었다. 그들에게 성령은 하나님이 우리와 세상 가운데서 일하려고 창조한 도구요 능력일 뿐, 하나님은 아니었다.

아타나시우스는 성령도 하나님이심을 분명하게 말했다. 다만 위격이라는 표현은 사용하지 않았다. 3대 카파도키아 신학자들은 오리게네스 전통을 따라 신성의 일체성이 아니라 구별되는 세 위격들에서 출발한다. 그들은 하나님의 공통적인 본성과 상호 구별되는 위격들을 구분하기 위하여 '본질'과 '고유성'(비공유적 속성)을 각각 사용했다. 안카라의 감독 대(大)바실리우스(329~379)는 고유성으로서 성부의 부성(父性), 성자의 자성(子性), 성령의 성력(聖力) 또는 성화(聖化)를 말했다. 그의 동생인 니사의 그레고리우스(330~395)는 태어나지 않음, 태어나심을 각각 성부와 성자의 고유성으로 보았고, 성령의 발출은 '성자를 통하여'라고 제안했으며, 성부는 성자나 성령과 무관하게 사역하시지 않기 때문에, 신성은 하나라고 했다. 이들은 성부의 단원에 기초하여 성자의 출생과 성령의 발출을 구별했다. 그리고 성령은 성자를 통하여 성부에게서 발출한다는 입장을 정리했다.

위 두 사람의 친구인 나지안주스의 그레고리우스(329~390)는 성부께는 태어나지 않음, 성자께는 태어남, 성령께는 발출이라는 고유성을 부여했다. 그는 삼위 안에서 일체가 경배를 받으며, 일체 안에서 삼위가 경배를 받는다고 했다. 그렇기 때문에 신성과 단원성을 성부에게만 국한시키는 것을 반대했는데, 이는 단원론을 극복하는 데 기여했다.

이들은 구원역사에 나타난 삼위일체 하나님의 자기계시에 기초하여 삼위일체 하나님의 고유한 관계를 설명했다. 나아가 그들은 '본질동등성'을 '본질유사성'으로 해석하는 것도 정통적이라 선언했다. '본질동등성'을 일체성으로도 이해하다 보니 사벨리우스파(派)적(양태론적) 오해의 소지가 많았는데, 이런 식의 선언으로 그런 오해를 제거할 수 있었다.

3대 카파도키아 교부들은 **계시에서 전개되는 행위의 일체성에서 본질의 일체성을 찾았다.** 이런 식으로 그들은 신성의 일체성과 위격의 구별성을 확보했다.

제2차 공의회인 콘스탄티노플회의(381)는 성령의 '본질동등성'을 문자적으로 언급하지는 않았으나 성령께서는 성부로부터 나와서 성부, 성자와 함께 경배와 영광을 받으신다는 식으로 성령의 신성을 고백했다. 1년 뒤에 그곳에서 열린 다른 회의는 본질동등성을 성령께도 돌려드렸다.

교회는 '본질동등성'이라는 용어를 도입함으로 아리우스 이단에 대항하여 그리스도의 신성을 확보할 수 있었다. 바실리우스는 아리우스가 성경의 모든 말들을 자기 식으로 변형했기 때문에 '본질동등성'으로 효과적인 방어선을 칠 수 있었다고 말했다. 교회는 이런 고백으로 하나님의 비밀을 벗겨 버리거나 본질을 정의한 것이 아니다. 다만 예수 그리스도 안에 하나님이 진짜로 오셨고 성령으로 하나님이 직접 교회에 임재하신다는 성경적 교훈을 고수하려고 진력했을 뿐이다. 만약 아리우스가 승리했다면, 하르낙이 말한 복음의 그리스화가 실제로 일어났을 것이다. 그와는 달리 교회는 성경 외적 용어이기는 하지만 '본질동등성'을 도입하여 성경의 가르침을 사수했고, 그리스 철학의 함정에 빠지지 않았다.

아우구스티누스(354~430)는 무엇보다도 하나님의 본질의 일체성과 위격의 구별성을 설명하는 데 초점을 맞춘다. 그는 세 명의 카파도키아 신학자들이 제시한 하나님의 본질과 위격들의 구별 또한 오해의 소지가 있음을 알았다. 즉, 그들은 본질을 인간이라는 유개념(類槪念)으로, 각 위격은 구체적 인간 곧 베드로, 요한과 야고보 등으로 비교하는 식으로 설명했다. 이 비교는 일체성보다는 구별을 부각시킨다. 이를 빌미로 삼아 아리우스파들은 카파도키아 신학자들의 삼위일체론이 다신론이라고 공격했다. 아우구스티누스는 삼위란 삼신(三神)이 아니라 한 하나님이시며, 그 하나님이 삼위로 계시지만 일체성은 소멸되지 않는다고 강조했다. 그러므로 속성들은 본질에 부가적이지 않고, 본질과 속성들 간에는 아무런 거리가 없으며 본질은 곧 속성들이라고 말한다. 그러므로 절대적 속성과 절대적 존재는 한 분에게만 해당된다. 세 위격들이 아니라 한 하나님께 한 본성, 한 신성과 영광이 돌려지며, 뜻과 사역도 마찬가지이다. 오직 성부께만, 또는 오직 성자나 오직 성령께만 돌려지는 사역이란 없다. 세상을 향하여 하나님과 삼위는 한 원리를 제시한다. 아우구스티누스는 가령 성육신에도 성부뿐 아니라 성자와 성령이 공히 능동적 기여를 하셨다고 설명한다. 삼위의 외적 사역들은 불가분리인 까닭에 삼위는 항상 함께 사역하신다.

아우구스티누스는 '위격(hypostasis)'도 새롭게 해석한다. 이 그리스어가 당시에는 '본질(substantia)'로 번역되고 있었다. 그러면 세 위격이 아니라 세 본질이 되고 만다. 이 그리스어의 원래 뜻인 '가면'을 '위격(persona)'으로 번역하는 것도 만족스럽지 않았다. 그는 '위격(persona)'이란 말을 사용하는 것에 대해 "침묵을 지키지 않으려고 사용하지만, 의도하는 바를 바로 표현하지는 못한다."는 유명한 말을 남겼다. 그러면서 차라리 '관계(relatio)'로 번역하자고 제안했다. 즉, 아버지는 아들과의 관계에서 아버지로, 아들은 아버지와의 관계에서 아들이라고 불린다. 이 점에서 그는 내용적으로 아타나시우스와 나지안주스의 그레고리우스의 입장을 따르는 서방 신학의 전통을 확립한다.

아우구스티누스에 의하면, 삼'위'란 그 자체로는 무엇이 아니라 상호 관계 속에서 존재하는 분들이다. 모든 속성들은 '일체'에 귀속되지만, 관계로서의 위격은 하나님의 내적 생명이나 피조계와 연관되어 의미를 지닌다. 삼위는 거룩하다, 선하다, 영원하다고 할 수 있으나, 삼위는 성부라고 해서는 안 된다. 또 삼위를 성자라고 할 수는 없는데, 자성(子性)을 다른 위격에다 적용할 수 없기 때문이다. 그는 성부, 성자, 성령 간에 본체론적, 또는 질적, 양적인 여하한 구분을 적용하지 않았다. 도리어 영원한 관계성을 도입했다. 나아가 이 관계성은 본질에 부가적인 우연이 아니다. 부가적 우연은 신성의 가변성을 상정하기 때문이다. 한 하나님이 오직 성부이거나 오직 성자이거나 오직 성령이거나 한 것이 아니라, 영원토록 성부, 성자, 성령이셨고, 또 그러하실 것이다. 아우구스티누스는 이렇게 삼신론(三神論)의 위험을 극복했다. 용어의 제한성이 있으나 그는 삼위 고백에서 침묵만이 능사가 아님을 우리에게 잘 보여 주었다.

그리고 아우구스티누스는 소위 '삼위의 흔적(vestigia trinitatis)'을 도입한다. 사랑을 예로 들면서, 사랑하는 자(amans)와 사랑받는 대상(quod amatur), 그리고 사랑 자체(amor)를 구별하여 삼위의 흔적을 말한다. 또 영혼의 기본 능력으로 자기 의식(mens), 자기 인식(notitia), 그리고 자기애(amor) 등 삼배수(三倍數)를 추적한다. 우선 인간이 영적이므로 자신과 사물들을 알며(memoria), 또 자신과 사물들을 대면하여 의식하며(intelligentia), 세 번째로 의식한 것을 의지하며 성취하려고 한다(voluntas)고 풀이한다. 그의 이런 주장은 영혼이 하나님의 거울이라는 신플라톤 사상을 하나님의 형상론으로 해석한 결과이기도 하다. 또 성령을 사랑이라 하여 삼위가 다 사랑임을 말하고서 성령은 성부와 성자의 교제이며 사랑의 고리라고 표현한다. 그러나 여기에서 구원역사적 고려는 사라진다. 이런 심리적 삼위일체론은 중세에 큰 영향을 미친다.

아타나시우스 신조(Athanasium)는 '보편적 신앙'을 고백한다. 즉, 삼위의 한 하나님과 일체성 가운데 삼위 하나님을 경배하며, 위격들을 혼동하지 않고 본체를 분리하지 않는 고백을 언명한다. 성부의 위격과 성자의 위격, 그리고 성령의 위격이 각각 다르나 성부, 성자와 성령의 신성은 하나다. 영광과 위엄도 동일하며 영원하다. 삼위는 공히 피조되지 않았고, 공히 불가해하며, 공히 영원한데, 한 영원한 하나님이시다. 성부도 하나님이요 성자도 하나님이시고 성령도 하나님이시나, 삼신들이 아니고 한 하나님이시다. 각각 주님이시나, 세 주님들이 계신 것이 아니라 한 주님만이 계신다. 성부는 출생되지 않았고, 성자는 피조되지 않고 출생되었고, 성령은 피조되지도 출생되지도 않았으나 발출하신다. 세 성부들이 아니라 한 성부만 계시고, 세 성자들이 아니라 한 성자가 계시고, 세 성령이 아니라 한 성령만이 계신다. 삼위 간에는 전과 후가 없으며, 크고 작음도 없다. 함께 영원하시기 때문이다.

다마스쿠스의 요한(670~750년경)은 요한복음 10장 38절, 14장 9절, 11절, 17장 21절을 근거로 하여 삼위일체론에 공재(共在, 또는 共座, 페리코레시스) 개념을 도입했다. 이 말은 위격들의 대면적 공재와 상호 침투를 표현한다. "삼위 하나님은 상호 간에 서로 뒤섞이지 않는 침투를 공유한다.……성자는 성부와 성령 안에 계시고, 성령은 성부와 성자 안에 계시며, 성부는 성자와 성령 안에 계시나, 뒤섞임이나 용해나 혼합은 발생하지 않는

필리오케(Filioque) 논쟁

성부 하나님을 신성의 단원으로 보면, 성자는 성부로부터 나셨다. 나아가 성령도 성부로부터 나오셨다고 해야 한다. 문제는 성자와 성령의 관계다. 성령께서 성부로부터 성자를 통하여 나오신다는 것이 동방교회의 입장인 반면, 서방교회는 '통하여' 정도가 아니라 성령은 아버님과 '성자로부터도'(Filioque) 나오신다는 입장을 고수했다. 말하자면 성령의 위격은 단원적(성부)이지 않고 이원적(성부와 성자)인 셈이다.

원래의 니케아신경은 동방교회의 입장을 담고 있었다. 그런데 서방교회는 6세기경부터 필리오케를 삽입하여 고백했다. 정치적인 알력과 오랜 세월 동안 계속된 관계의 소원함으로 인해 결국 1054년에 동방과 서방교회는 분리하고 만다. 이것은 종교개혁 이전에 일어난 중요한 교회 분열사태이다.

그러나 근원은 성부만의 근원이 아니라 삼위의 공유이기 때문에 해묵은 이 논쟁을 지속하거나 재연할 필요는 없다. 이 점을 인정한다면 서방교회는 필리오케를 후대에 삽입한 니케아신경을 군이 고백할 필요가 없다.

다." 이 공재는 본질의 일체성에 기초한다. 위격들은 동등한 본질이며, 상존하며, 상호 관계하며, 상호 개방적이고 상호 자기수여적이다.

중세

중세 스콜라신학은 기존 삼위일체론을 기초와 울타리로 삼아 맘껏 사변했다. 특히 심리적 삼위일체론이 자연스럽게 선험적 사변을 주도했다. 이것은 아우구스티누스 전통을 따르는 안정감에서 나왔다. 그의 삼위일체론 신학은 중세 신학의 주요한 자료로서, 크게 보자면 두 가지로 발전한다. 먼저, 영의 기능인 인식과 의지를 따르는 노선은 안셀무스와 토마스 아퀴나스가 따른다. 둘째로는 하나님은 사랑이시며 성령은 성부와 성자의 사랑 고리라는 입장을 리샤르 등이 따른다. 어느 노선을 따른다 하여도 구원역사적 삼위일체론은 크게 제약을 받게 된다. 간혹 예외가 없는 것은 아니다.

안셀무스(1033~1109)는 '스콜라 신학의 대부'라 불리는데, 아우구스티누스의 관계론도 이용하지만, 이보다는 심리적 삼위일체론을 추구한다. 하나님의 본질의 일체성에서 시작하여 삼위를 해명하며, 무엇보다도 삼위 하나님이 창조하신 형상인 영혼과 창조에서 그 흔적을 추적한다. 물론 아우구스티누스는 원죄로 인하여 본성적 인식이 이 근원적 신비를 이해하기에는 약화되었다고 말하지만, 스콜라신학에서는 이런 경고가 제대로 받아들여지지 않았다.

안셀무스는 누구보다도 아우구스티누스의 삼위일체론을 선험적으로 발전시킨 인물이다. 최고 영의 인식행위는 원초적이며, 피조된 영의 인식행위는 전자를 반영하는 형상이다. 최고 영에게는 자기를 의식하는 정신과 자기 인식과 자기 사랑이 있다. 바로 아우구스티누스의 입장이다. 그러면 구원역사와는 무관한 심리적 삼위일체론이 가능해진다. 이런 심리적 삼위일체론에서라면 어떤 위격이라도 성육신할 수 있다는 반론에 봉착하자, 안셀무스는 성육신론과 구원론을 삼위일체론적으로 정초하면서 이 사변적 위험을 어느 정도 교정한다. 그럼에도 그의 입장은 구원역사와는 무관하게 삼위의 내적 관계를 사변적으로 말하는 위험에서 벗어날 수 없다.

파리의 성(聖)빅토르 수도원의 리샤르(Richard, ?~1173)는 수도사답게 구원, 영복, 희락과 신 내적(神 內的) 사랑의 즐김을 말한다. 이것은 3대 신학적 덕목인 믿음, 소망과 사랑으로 나타난다. 그는 아우구스티누스와 안셀무스의 선험적 사고방식을 떠나, 경험으로부터 하나님의 존재로 나아가는 길을 열었다. 즉, 심리적인 '의식, 인식과 사랑'이 아니라, '하나님은 사랑이라'는 말씀을 삼위론적으로 살핀다. 사랑은 신성의 완성이다. 참 사랑은 사랑 받을 자를 가지며, 사랑은 선물이다. 사랑의 성부 하나님은 사랑 받는 성자와 함께 선물인 성령 안에서 서로 사랑한다. 이로써 리샤르는 정체적(停滯的) 인식과 영의 관점에서 삼위일체론을 접근하는 아우구스티누스와 안셀무스의 방식을 떠난다.

쾰른 도이츠 수도원의 루페르트(Rupert, 1070~1129)는 구원역사를 삼위일체론적으로 설명한다. 성부의 사역은 창조다. 다음으로 성자의 사역은 구원이며, 이 일에는 성부와 성령이 함께 참여했다. 마지막으로 성령의 사역은 성부와 성자의 선물로서, 영적 피조물이 하나님을 닮아 완성에 이르게 한다. 그러다 보니 그는 정체적인 형이상학적 용어를 사용하지 않는다. 그는 성육신에 기초한 기독론을 구원역사의 중심으로 본다. 즉, 성자가 성부로부터 영원 출생한 것은 창조와 성육신을 겨냥한다. 그러면 타락과도 무관하게 성육신은 필요하다는 말이다. 그리스도는 삼위 하나님의 완전한 최고 형상이며, 성자의 관점에서 인간은 하나님의 형상이다. 그의 주장은 동방신학을 따른다. 피오레의 요아힘(Joachim, 1130~1202)은 그의 노선에서 더 나아가, 성령 사역에 그리스도의 사역까지 포함시켜서 기독론을 약화시켰다.

롬바르두스(1095~1160년경)는 아우구스티누스의 노선을 따라 심리적 삼위일체론에 따르고 추상적 신개념에 빠진다. 그러면서도 신성이 아니라 성부가 성자를 낳으며, 성령을 발출한다고 말함으로 구원역사적 측면의 역동성을 최소한은 지켰다. 성령 안에서 삼위가 우리 속에 오시며, 성령은 우리가 하나님과 이웃을 사랑하는 그 사랑이다. 그럼에도 그 또한 본체론적이고 정체적인 삼위일체론을 전개한다.

토마스 아퀴나스(1225~1274)는 아우구스티누스를 비판하기도 하고 따르기도 한다. 먼저, 그는 하나님의 본질이나 존재를 직접 알 수 없다는 입장에서 아우구스티누스와 안셀무스 등의 입장을 비판한다. 그는 영혼이 하나님의 형상으로서 원형인 하나님을 볼 수 있다는 입장을 거부한다. 인식은 경험계에서 나오기 때문에 인간은 본성적 신 인식을 신 체험에서 출발시켜서 그 원인자를 찾아 나선다. 최초의 원인자인 하나님은 완전한 존재 자체이다. 그래서 신 인식과 신 언설은 유비에 근거할 수밖에 없다. 유비론은 신과 세상의 관계를 원인성과 완전성의 관점에서 표현한다. 세계의 피조성에서 나오는 인식은 하나님이 제1 원인자임과 그분의 본질의 일체성만을 알 수 있다. 따라서 성육신이나 삼위일체론은 본성적 이성으로는 알 수 없다. 다만 창조는 자연적 필연이 아니라 자유와 사랑의 산물이다. 즉, 창조는 삼위 하나님의 사역이다. 삼위일체 하나님의 계시가 있어야 성육한 성자와 성령의 선물로 완성되는 구원을 올바르게 사유할 수 있다.

토마스는 삼위일체론을 다루기에 앞서 하나님의 계심과 본질, 하나님의 생명과 지식과 의지를 다루었다. 이번에는 아우구스티누스를 따라 신성에서 출발한다. 삼위일체론 자체에서는 인간의 인식과 의지에 유비한다. 인간의 이해가 내적 언어로 표현되듯, 신 내적인 첫 운동은 말씀 사건이다. 두 번째 의지적 운동은 신 내적 사랑의 운동, 곧 성령이다. 이 입장은 심리적이고 정체적인 관점임에도 운동이라 표현하여 역동성을 보인다. 여기에 관계론을 도입하여 부성(父性), 자성(子性)과 성령의 호흡을 이야기한다. 곧 신 내적 운동에 기초한 내재적 관계로서 각 위를 실질적으로 구별하는 것이다. 그러나 이것은 동방교회나 리샤르가 채택한 원인론적 관계가 아니라 이에 앞서거나 또는 원인 및 결과와 무관한 단순한 관계만을 말하는 한계가 있다.

종교개혁과 그 이후

아우구스티누스는 삼위일체론을 이해하는 방편으로 말씀과

이성적 사유를 동시에 사용했다. 물론 성경에 기초하여 이성적 사유를 펴는 것이 합당하다. 그렇지만 그는 삼위일체론 자체에 대한 이성적 사유에서 성경의 교훈을 벗어났고, 중세의 신학자들은 그를 따라 사변적 삼위일체론을 전개했다.

종교개혁은 삼위일체론을 이해하고 변호하는 데서도 다시 성경으로 돌아갔다. 삼위일체론에서도 성경으로 돌아간다는 의미는 그리스도의 역사적 계시를 출발점으로 삼아 하나님을 말하고 경외하는 것이다. 무엇보다도 삼위일체론을 학당이 아니라 교회의 소관사로 삼았다.

루터(1483~1546)는 삼위일체론에서 정착된 용어들을 가능하면 사용하지 않으려고 했다. '삼위일체론'도 용어로서는 만족하지 않았다. '관계'는 신성이 우연성을 지니고 있다는 인상을 줄 수 있는 위험이 있다고 했고, '본질동등성'도 원래 성경 바깥에서 온 용어로서 철학적 의미를 담고 있을 수 있다는 경계심을 늦추지 않았다. 그럼에도 용어들, 이를테면 삼위일체론이라는 용어도 이단을 경계하기 위하여 불가피하게 사용할 수밖에 없다는 입장을 견지한다.

칼뱅(1509~1564)도 같은 입장이었다. 그는 성부, 성자와 성령께서 한 하나님이시고, 성자가 성부가 아니며, 성령도 성자가 아니라 비공유적 속성으로 구별된다는 사실만을 공유한다면, 모든 용어들은 사라져도 좋다고 말한다. 그는 삼위께서 참되신 한 하나님이시오, 이 삼위를 떠나서 하나님은 결코 알려질 수 없다고 단호하게 말한다. 하나님을 아는 것은 그분을 바로 삼위로 아는 것이다. 하나님이라는 이름은 성부 성자 성령께 공히 적용되며, 위격이란 비공유적 속성이며 상호 연관 중에 하나님 안에서 이루어지는 구별을 말한다. 위격은 상관적인 이름이고, 본질은 절대적인 이름이다. 그리고 성부 성자 성령의 이름은 명목적인 이름이 아니라, 실제적으로 존재한다.

칼뱅은 성자와 성령의 신성에서 시작하여 삼위일체론을 언급한다. 하나님 내에서의 위격 구분은 성자께서 그리스도의 인격으로 계시됨으로 필요하게 되었다. 이런 식으로 그는 각 위격에서 전(全) 신성을 이해한다. 요한복음 14장 10절을 인용하면서 성부는 전적으로 성자 안에, 성자는 전적으로 성부 안에 계신다며 다마스쿠스의 요한 식의 공재를 이야기한다. 각 위는 본질의 상이성으로 분리되어 있는 것이 아니라, 비공유적 속성을 통한 상호 관계성으로 구별되며 동시에 그 관계성을 통하여 일체성을 이룬다. 칼뱅은 에베소서 4장 5절과 마태복음 28장 19절에 나타난 세례의 단일성을 근거로 하여, 삼위께서 함께 한 하나님이심을 증거한다. 그리스도는 스스로 하나님이시다. 이 측면에서는 자기 원인자이다. 그러나 성부와의 관계에서는 성자이다. 이 측면에서는 성부가 성자의 원인자이다. 성부가 '신성의 원천'이라는 것은 본질이 아니라 순서의 측면에서만 가능하다. 위격들 간에는 어떤 질서가 있고, 성부는 시작이요 원인자이시니까, 하나님이라는 이름이 특히 성부에게 해당될 경우가 많다.

칼뱅이 '삼위의 흔적'을 수용하지 않는 것은 당연한 일이다. 칼뱅은 거명하지는 않지만 암시적으로, 아우구스티누스가 심리

현상에서 삼위 하나님을 구별하려는 시도를 비판한다. 칼뱅은 성경적인 실천적 지식이 무익한 사변보다 훨씬 더 확실하다고 말한다.

개혁자들은 삼위일체론을 실천적 지식으로 제시한다. 이것은 성령론에서 잘 나타난다. 비록 고대 동방교회나 중세 서방교회에서 성령의 위격이 이론적으로 논증되고 고백되기도 했지만, 성령은 대개 신품화하거나 사죄하는 단순한 능력으로도 나타난다. 중세 교회는 믿음과는 무관하게 성령을 성례론에 묶어 두고, 성사 행위 자체에 성령이 담겨 있다고 보았다. 그러나 종교개혁자들은 이를 반대하고 '믿음으로 의롭게 된다'는 이신칭의론을 제창했고, 성령론을 바로 정립한다. 즉, 성령은 성부의 말씀을 깨닫게 한다. 말씀을 깨닫게 하는 것이 성령의 사역이고 성령은 깨달은 말씀을 믿어 성부께 감사하고 영광 돌리게 한다. 이처럼 개혁자들은 교의인 삼위일체론의 현장이 설교라는 점을 바로 확립시켰다. 이것은 그들이 설교에서 삼위일체론을 설교했다는 의미가 아니다. 이 삼위일체론이 묵시적으로 전제된 설교를 했다는 말이다. 왜냐하면 설교는 삼위일체론이 아니라 삼위일체 하나님을 전해야 하기 때문이다. 이런 방식으로 구원역사적 교의가 예전, 특히 설교에서 다시 자리를 잡게 된다.

종교개혁 이후에 삼위일체론은 관심을 크게 받지 못했다. 개혁파 전통에서는 하나님의 작정을 강조하다 보니 성자와 성령의 구원사적 사역이 조명을 덜 받았다. 게다가 계몽사상과 더불어 이성에 입각한 순수 종교가 강조되면서 유신론을 말하면서도 삼위일체론은 무시당했다. 급기야는 무신론의 시대가 도래하면서 유신론과 동시에 삼위일체론도 경시되었다. 그리하여 다시금 계시에 기초하여 유신론과 무신론을 재비판하면서 삼위일체론이 부흥할 때가 되었다.

현대의 삼위일체론의 부흥

비로소 20세기에 들어 삼위일체론이 다시 신학의 주제로 등장한다. 칼 바르트와 칼 라너는 개신교와 가톨릭교회 안에서 삼위일체론의 부흥을 주도했다. 또 1961년에 동방정교회가 세계교회협의회(WCC)에 가담하면서 서방교회는 삼위일체론과 필리오케에 대한 새로운 관심을 갖기 시작했다. 그러면서 카파도키아 교부들의 삼위일체론이 관심의 한가운데 서게 된다. 이들이 관계론적 삼위일체론을 주창했기 때문이다.

칼 바르트(1886~1968)는 '삼위의 흔적'을 거부하고 예수 그리스도 안에 나타난 계시로부터 하나님의 계시 주체성을 말한다. 그렇게 하여 한편으로는 전통적 유신론이 취한 삼위일체론의 전개를 거부한다. 즉, 인간이나 피조물에 삼위의 흔적이 있다는 전통을 거부한다. 다른 편으로는 이런 유신론을 논박한 무신론까지도 비판한다. 그렇지만 바르트에게는 예수 그리스도 안에서 나타난 역사적 계시가 아니라 계시의 형식 개념에서부터 삼위일체론을 전개하는 아쉬움이 있다. 즉, 그는 "하나님께서 말씀하신다."라는 명제에서 계시자, 계시, 그리고 계시됨, 곧 성부,

성자 그리고 성령 하나님을 도출한다. 그가 계시를 삼위일체론의 뿌리라고 말하지만, 그의 삼위일체론은 역사적 계시보다는 계시의 분석에서 나온다. 바르트의 삼위일체론은 기여와 동시에 한계를 담고 있다.

또 바르트는 개인주의적 의미를 지닌 위격으로 삼위를 말하면 삼신론의 위험이 있다고 비판하면서 위격 대신에 '존재방식'이라는 용어를 사용한다. 그렇지만 그가 도입한 '존재방식'은 양태론의 위험을 안고 있다.

칼 라너는 "경륜적 삼위일체론은 내재적 삼위일체론이며, 내재적 삼위일체론은 경륜적이다."는 유명한 명제를 제시한다. 이 명제는 내재적 삼위일체론과 구원역사(경륜, 엡 1:9 참고)를 연결시킴으로 사변성을 극복하려는 의도를 담고 있다. 즉, 그는 삼위일체로 계시하신 하나님 배경에 모종의 은폐된 하나님이 있다는 오해를 불식시키려고 한다. 그 또한 위격이라는 말 대신에 '구별되는 세 존재방식'을 말한다. 그러나 우리는 성부께 기도하지, 존재방식에게 기도하는 것은 아니지 않는가? 존재방식이라는 표현은 적합하지 않다.

위르겐 몰트만(1926~)은 골고다 사건을 하나님 밖이 아니라 안에서 이루어진 사건이라고 말하면서 아주 진지하게 받아들인다. 그는 구원 사건이 하나님의 본질과 무관한 외적이거나 부차적인 것이 아니라는 점을 강하게 부각시킨다. 십자가 사건은 우리에게도 의미가 있지만 하나님 자신에게도 의미가 있다. 이 후자의 의미를 알려면 하나님 안의 내적 긴장과 관계 안으로 들어가야 하며, 성부와 성자와 성령을 말해야 한다. 그의 삼위일체론은 십자가 신학의 논리적 귀결이다. 이 점에서 그에게서 경륜적 삼위일체론은 내재적 삼위일체론이다. 그렇지만 몰트만의 주장은 하나님의 자유를 역사에 종속시키는 한계를 지닌다. 아래에서도 살펴보겠지만 이것은 라큐나의 약점이기도 하다.

몰트만은 바르트나 라너가, 한 신적 주체를 강조하면서 성부, 성자 그리고 성령 안에서 나타나는 양태론의 위험을 극복하지 못했다고 본다. 그래서 그는 위격을 개별적 실체로 보면서 위격이 선행하며 그래야 위격 간의 관계도 가능하다고 말한다. 그리고 위격과 관계의 결합을 '공재(공좌)'로 표현한다. 이것이 그가 삼신론의 비난을 받은 이유이다.

몰트만은 삼위께서 공재하는 십자가를 내용적 원리로 지닌 삼위일체론을 통해 정치적 사회적 평등을 도모해야 한다고 본다. 즉, 이것이 삼위일체 하나님의 영원한 교제에 상응하는 교제이기 때문이다. 그는 이른바 '사회적' 삼위일체론으로 삼위일체 하나님을 믿는 믿음이 지닌 사회적, 세계적 의미를 제시했다.

미국의 여성 가톨릭 신학자 라큐나(C. M. LaCugna, 1952~1997)는 정체적인 삼위일체론의 비실천성을 비판한다. 고대 교회가 삼위일체론을 확립하는 과정에서 구원역사적 경륜에서 점점 벗어나 신 내적인 관계에만 집중했기 때문이다. 그래서 라큐나는 내재적 삼위일체론에 대한 거론 자체를 거부하며, 세상과 관계를 맺고 그 관계 속에서 인간을 위하시는 하나님 외에는 달리 하나님에 대해서 말할 수 있는 방법이 없다고 강변한다.

　라큐나는 삼위일체론의 실천성을 강조한다. 그는 공재 개념을 이용할 수도 있다고 여기지만, 이 용어도 본래 신 내적 관계를 다룬 용어이기 때문에 경륜을 무시할 위험이 있다고 본다. 그는 철저하게 구원 계획과 그 집행에 기초한 하나님의 위격과 관계성을 말하며, 이런 하나님의 존재론이 인간 삶의 모든 영역에도 적용되어야 한다고 주장한다. 라큐나에게 삼위일체론의 주안점은 하나님과 피조물이 공유하는 삶이다. 하나님의 삶을 체험하고 그것을 반성함으로써 우리 삶의 형태를 도출할 수 있다. 그는 카파도키아 교부들의 주장을 따라 성부의 단원은 이미 성자와 성령과 공유한 관계적 단원이라고 말한다. '공유적 단원'은 사랑과 교제의 단원이다. 그래야 전통적 단원론이 위계 질서적으로 종교적, 도덕적, 정치적, 그리고 성적 영역에서 행한 지배 구조를 극복할 수 있다.

　그러나 경륜적 삼위일체론을 이에 선행하는 하나님의 존재에 뿌리박지 않고 말하면, 결국 하나님은 역사의 한 기능으로 전락하고 우리의 구원 역시 기반을 잃을 수밖에 없다. 게다가 그는 니케아회의 이전의 경륜적 종속설에 머물기를 원하기 때문에, 예수와 성령이 경배의 대상이 되지 못할 위험도 안고 있다. 또 신 내적 관계를 표현하는 '공재'를 거부한다면, 같은 맥락에서 '공유적 단원' 역시 거부해야 마땅하다. 라큐나의 주장도 여전히 내적 모순을 지니고 있다.

　볼프하르트 판넨베르크(1928~)는 신의 존재나 본질을 이야기하기에 앞서 삼위일체론을 다룬다. 획기적인 시도이다. 바르트처럼 그도 삼위일체론은 계시에서 출발한다고 말하는데, 단지 형식적인 이야기에 그치지 않고 예수의 천국 설교라는 실제적인 계시 내용을 앞세운다. 바로 이 사역에서 예수는 하나님께서 이 땅에 완전히 임하는 자리가 되며, 자신을 성자로 증거한다. 그는 하나님을 영화롭게 함으로써 자신과 하나님의 하나됨을 증거한다. 역사 속의 사건은 곧 영원의 사건이다.

성부는 왕권을 성자에게 맡기심으로 자신을 성자와 구별한다. 나아가 성령은 먼저 성자를, 그리고 성자 안에서 성부를 영화롭게 한다. 반면에 성부와 성자는 세상 끝날에 있을 그리스도인의 부활과 죽은 자들의 부활을 겨냥하고서 스스로를 살리는 성령에게 의탁한다. 그때에는 왕권이 전적으로 성부께 돌려드려질 것이다. 이처럼 판넨베르크는 성부의 단원을 종말론적으로 구성했다.

그는 아우구스티누스식의 심리적 삼위일체론이나 일체성이 아니라 구원역사에서 삼위를 먼저 말하지만, 삼위론의 신비는 일체에 있다는 것을 강조한다. 이렇게 하여 역사를 부차적인 것으로 만들지도 않으면서 하나님의 존재를 역사에 종속시키지 않는다. 무엇보다도 신국 완성을 위하여 삼위의 공평하고 평등한 협력을 말한다. 이로써 원인론의 한계를 벗어났다. 게다가 속성론을 삼위일체론적으로 다루는 강점을 지녔다.

교회 역사가 주는 교훈과 의미

삼위일체론의 현장은 예배이다. 교부와 신학자들은 예배자로서 삼위일체론 형성에 여러 가지로 기여했다. 교회는 교회가 결정한 교의인 삼위일체론을 받아들이고 존중한다. 우리는 니케아회의와 콘스탄티노플회의가 결정한 삼위일체론에 기초하여 신학자들의 입장을 평가해야 한다. 그러면 교회 역사가 여러 가지의 교훈과 의미를 보여 줄 것이다.

첫째로, 구원론의 관점에서 삼위일체론에 접근해야 한다. 아타나시우스는 구원론으로 아리우스의 철학적 단원론을 극복했다. 예수 안에 신적인 어떤 것이 아니라 바로 하나님이 직접 오셔서 구원을 이루셨다는 확신이다. 그러면 삼위일체론은 굳이 제한된 삼위론적 성경 구절이 아니라 성경 전체에 기초할 수 있다.

둘째, 삼위일체론에서 구원역사를 강조하고, 심리적 삼위일체론이나 창조로부터 삼위일체론을 세우려는 시도를 배제해야 한다.

셋째, 그래야 이 구원역사에서 삼위 하나님이 구원을 위하여 협력하는 사역으로 경륜적 삼위일체론을, 그리고 이 경륜적 삼위일체론에서 내재적 삼위일체론을 말할 수 있다. 그러나 이 것은 두 삼위일체론이 아니며, 내재적 삼위일체론은 하나님이 구원역사의 경륜에 의존적이지 않으며 하나님의 하나님이심과 자유가 해소되지 않는다는 것을 보장한다.

넷째, 현대 삼위일체론의 부흥에서 잘 나타나듯, 삼위일체론은 관계성과 교제를 강조한다. 이것은 동방교회 특히 카파도키아 교부들의 삼위일체론이 지닌 특징이며 강점이다. 그들은 하나님의 본질을 삼위 뒤에 있는 어떤 배경이 아니라 바로 삼위의 상호 관계성에서 찾았다. 그들은 삼위의 관계성 속에서 한 분 하나님을 고백하고 이것을 '삼위, 일체'로 표현했다. 비록 '위'와 '체'가 성경 외적인 그리스어이지만, 이 용어로써 그들은 당시의 그리스 철학의 영향을 차단했다. '위'는 말하고 교제하고 사귀는 존재자로서, 삼위 하나님은 교제 중에 일체 하나님이시다.

마지막으로 볼 수 있는 것은 삼위일체론이 지닌 실천적 의미이다. 삼위 하나님은 동등하시며, 공재 중에서 서로 주고받는 위격적 교제를 나누시는 한 분 하나님이시다. 삼위일체론은 예배자가 이 동등성과 공재에 기초하여 자기를 수여하시는 하나님의 모습을 닮아야 한다는 실천적 과제를 제시한다. 삼위일체 하나님께서는 성도의 교제와 교회의 일체성과 봉사와 섬김의 원형이시다. 예배자는 교회와 세계에서 이 하나님을 닮은 실천적 삶을 살아야 한다.

삼위일체론의 외적 현장: 교회와 세상

삼위일체론의 외적 현장인 교회

현대는 인간 소외의 시대이다. '군중 속의 고독'은 옛말이 되었다 할 정도로 현대인은 따뜻한 정을 나눌 수 있는 기회를 점차 상실하고 있다. 그리하여 최근에는 소통이 주요한 주제로 논의되고 있다. 자기 이외의 모든 존재를 철저하게 대상화하는 주체 철학을 언급할 필요도 없이 인간은 본시 자기중심적이다. 현대인을 정의하고 속박하는 개인주의는 풀지 않으면 안 되는 인류의 운명과도 같다.

이미 언급했거니와 삼위일체론의 외적 현장인 교회는 공동체이다. 교회는 예배로 이루어지며, 예배는 일차적으로 삼위일체 하나님과 누리는 교제를 이룩한다. 이 하나님은 내적으로는 성부, 성자 그리고 성령으로서 서로 관계하고 교제하시며, 외적으로는 예배자와 교제하기를 원하시는 삼위일체 하나님이시다. 이 교제로 예배자는 삼위일체 하나님과 사귀며 참여한다. 예배자는 이 원초적 교제에 기초하여 형제자매로 결합하고 서로서로 교제한다. 예배자가 나누는 인간적인 교제는 이 신적인 교제 위에서야 가능하다.

삼위일체 하나님의 사랑의 협의와 영광

하나님은 사랑이시다(요일 4:8). 이 사랑은 성자 안에서 우리에게 나타났다. 우리가 이 사랑을 체험하면, 우리는 하나님이 사랑이심을 찬양한다. 성부 하나님은 땅의 일을 위하여 성자를 보내기로, 성자는 이 제안에 응하기로, 성령은 그의 오심을 예비하기로 협의하셨다. 성자는 성부의 택한 종이요, 마음에 기뻐하는 사랑하는 자요, 성부는 그에게 성령을 주셨다(마 12:18). 사랑하는 자와 사랑 받는 자는 가장 깊은 교제의 신비를 즐긴다. 성자는 성령으로 말미암아 흠 없는 자기를 하나님께 바쳤고(히 9:14), 성령의 능력으로 부활했다(롬 1:4). 이와 같이 십자가와 부활까지도 삼위 하나님의 공동 사역이다.

삼위 하나님의 공동 사역은 우리를 위한 사역이다. 하나님은 우리를 그리스도 안에서 선한 일을 위하여 지으셨다(엡 2:10). 성자가 성령을 받아 성부의 일을 완수했듯이, 이제 성자가 성부로부터 동일한 성령을 받아 사랑 받는 많은 아들들에게 성령을 주셨다(요 15:26, 행 2:33). 이것은 깊은 교제, 곧 신 지식을 말하며, 사랑의 성령으로 가능해진다(롬 15:30 참고). 서로 원수였던 자들도 그리스도로 말미암아 성령 안에서 성부께 함께 나아가게 하신다(엡 2:18). 그들은 성령 안에서 하나님의 처소가 되기 위하여 예수 안에서 함께 지어져 간다(엡 2:22). 이처럼 하나님은 하나님과 더불어 인간의 구원에 대하여 협의하고 실현한다. 삼위일체 하나님의 협의는 우리와 교회 안에서도 구체적으로 실현되어야 하며, 종국적으로는 천지에서 실현될 것이다.

사랑 받은 자들은 성부가 성자를 창세전부터 사랑하심으로 주신 영광도 알게 된다(요 17:24). 이것이 그들에게 주어지는 영광이기도 하다(요 17:22). '영광'에서 삼위 하나님은 삼위 하나님이심을 가장 구체적으로 계시하신다. 성자가 추구한 것은 자신의 영광이 아니라 성부의 영광이었다(요 8:50, 16:12~13). 성자는 말씀뿐 아니라 고난과 십자가를 통해서도 전파하심으로 성부를 영화롭게 했다. 예수의 삶은 삶으로 나타난 송영이다. 그러면서도 성자는 성부가 자신을 영화롭게 해 주실 것을 기도하셨다(요 17:5). 받아야 할 고난을 받고 자기 영광(눅 24:26)에 들어가신 성자는 이제 몸조차도 '영광의 몸'이다(빌 3:21).

성자가 영광 받으신 뒤에 올 성령은 오셔서 성자를 영화롭게 하신다(요 16:14). 하나님의 영은 영광의 영이다(벧전 4:14). 성자가 성부를 영화롭게 하시는 일은 오직 성령이 성자를 영화롭게 하심으로 완성된다. 이것은 역사에 나타난 삼위 하나님의 공동 사역이다. 성자가 성부의 모든 것에 동참하는 것은 성령이 성자의 모든 것에 동참하는 것과 비견될 수 있다. 이는 삼위 하나님의 내적 관계를 말한다.

성령은 지금 성도들이 아드님과 아버님의 영광에 참여하도록 하시고, 앞으로도 참여하게 하실 것이다. 성도들의 영화란 성령을 통하여 성부와 성자의 교제에 동참함이며, 곧 하나님 영광의 빛으로 변화됨에 있다. 성자는 성부에게서 받은 영광을 제자들에게 주셨다(요 17:22). 성도들이 세례를 받으면, 그들은 그리스도의 몸에 접붙여지고, 포도 넝쿨인 그리스도의 지체가 된다. 성령은 이 일에서 그들을 성자의 아들 되심에 동참시키시며, 또 성부를 아버지라 부르게 하시고 완성을 미리 맛보게 하신다. 곧 그들은 성령을 통하여 성자가 성부와 가지신 교제로 들어감으로 삼위일체 하나님의 영생을 나누어 가지는 것이다. 성령은 이렇게 성도들을 그리스도의 영광에 참여하게 하심으로 그리스도를 영화롭게 하신다. 제자들이 과실을 맺게 하심으로 성부는 영광을 받고(요 15:8), 그들은 주의 영으로 말미암아 그리스도의 형상으로 변하여 영광에 이르게 된다(고후 3:18). 성령은 성도들이 하나님의 영광에 참여하게 하심으로 그리스도 안에서 성부를 더욱더 영화롭게 하신다.

이와 같이 구원의 경륜과 배포(配布)는 하나님의 본질에 속했다. 구원을 삼위 하나님의 협의와 사역에 근거한 하나님의 삶으로 이해하지 않으면, 구원이 오로지 구원론적으로만 제한되고 급기야는 인간론적인 개인주의로 전락하고 말 것이다. 우리가 체험을 통하여 우리의 구원을 확신하지만, 우리의 구원 자체는 이미 삼위 하나님이 자신들의 협의에 기초하여 이루신 사역이다. 구원에만 머물고 구원의 하나님을 찬양하지 않는 신앙은 성숙되지 못한 개인주의의 잔재를 지니고 있다. 성경이 말하는 교제와 참여는 삼위 하나님의 구원 사역을 통하여 그의 본질에 참여함에 있다(벧후 1:4). 그리고 이것은 근본적으로 성도의 교제도 포함한다.

성도의 교제

오늘날 교회와 공동체가 마치 서로 대치되는 것인 양 이해되는 경우가 있다. 그러나 이것은 당치 않다. 사도신경은 제3부에서, 즉 성령의 사역을 고백하면서 먼저 교회를, 다음으로 성도의 교제를 고백한다. 그런데 사도신경을 12항목으로 나누는 전통에서는 '교회와 성도의 교제'를 제9항목으로 함께 묶는다. 열 번째 항목인 '사죄'가 구원론에 해당된다면, 아홉 번째 항목은 '교회론'에 해당된다. 특이한 것은 '교제'의 원어(κοινωνία, communio)에서 '공동체(community)'가 나왔다는 사실이다. 사도신경에서 함께 묶여 있던 것이 분리되어 서로 대치되는 양 사용되는 어법은 짚고 넘어갈 필요가 있다.

오늘날 신·구교를 막론하고 교회를 공동체로 이해하려고 하는 것은 재미있는 사실이다. 가톨릭교회의 제2 바티칸공의회(1962~1965)가 교회를 특별히 공동체로 말하지는 않았으나, 그 이후 30년간 공동체로서의 교회 이해는 교회를 다른 방식으로 규명하려는 모든 시도를 제압하고 있다. 개신교와 동방교회 안에서도 많은 이들이 교회를 공동체로 해석하고 정착시키려고 시도하고 있다.

교제·공동체 교회론에 난점이 없는 것은 아니다. '코이노니아'는 신약에서 19번 나타난다. 이 말을 '교제'로 번역하면 대개 '식탁' 교제나 잔치의 분위기를 연상하게 된다. 그런데 이 말에는 '참여'의 의미도 있다. 교제는 늘 기쁜 것을 연상시키고 추구하게 만들지만, 참여는 그 반대의 측면까지도 포함한다. 가령 고난에 함께 참여(고후 1:7, 빌 3:10)하거나, 재정이나 물질을 보조하여 참여(롬 15:26, 고후 8:4, 9:13)하거나, 복음에 함께 참여(빌 1:5)한다. 또는 그리스도의 몸과 피에 함께 참여할 수도 있다(고전 10:16).

그런데 이 말이 교회론적으로 가장 강하게 사용된 곳은 요한일서이다. 복음 전파는 전하는 자와 듣는 자의 교제(사귐)를 이루어 내며, 그들의 사귐은 성부와 그분이 보내신 생명이신 성자와 함께하는 사귐이다(요일 1:3). 성도들이 하나님과 사귀면 거짓이 없고 빛 가운데 행한다(요일 1:6~7). 성도들은 성령 안에서 하나님의 생명에 참여하고, 동시에 서로에게 참여한다. 여기에서 '성령의 교제'(고후 13:13)가 중요한 뜻을 지닌다.

이처럼 코이노니아는 수직적이고 수평적인 양 측면을 다 지닌다. 교제와 사귐의 당사자들은 어떤 제3의 대상(고난, 물질, 복음 등)에 함께 참여한다. 성경이 말하는 교제는 참여를 통한 교제이다. 성도들은 복음과 성령을 통하여 그리스도와 하나님 아버지와 더불어 교제하고 서로 함께 교제한다.

이 교제라는 말은 애초에 기독교적 교제와 교회를 이루는 인격적 관계를 뜻했을 뿐, 구체적인 기관까지는 지칭하지 않았다. 그렇지만 교제에서 그 교제가 구체적으로 이루어지는 공동체, 곧 교회라는 의미가 점차로 첨가되었다. 그래서 사도신경이 고백하는 성도의 교제는 교회를 표현하는 또 다른 말이다. 이것은 아주 재미있는 사실을 보여 준다. 즉, 세속적 의미에서 코이노니아는 원래 상인공동체, 촌락공동체나 결혼 관계 등을 지칭했다. 세속적으로 사용되었던 원래의 의미는 성경과 교회사에서는 파생적으로 사용되었다고 볼 수 있다. 지금 교회 안에서 사용하고 있는 '공동체'라는 개념은 이런 집단도 의미한다. 원래 교회를 지칭하던 공동체라는 말이 이제는 교회와 대치되는 의미로 오해받고 있다는 중간 결론에 이르렀다.

사도신경에 나오는 성도의 교제(ἁγίων κοινωνία, sanctorum communio)는 교회론적 용어이다. 그런데 교회사에서는 다른 의미로 이해하기도 했다. 교제라는 원래의 의미에서 나타나듯이, 이 말은 성도 간의 교제가 아니라 '거룩한 것들에의 참여', 곧 성례 참여였다. 사도신경의 그리스어와 라틴어 표준판에서 '거룩'에 해당하는 말은 문법적으로 남성 복수 소유격 또는 중성 복수 소유격이 동시에 가능하다. 남성으로 볼 경우, '성도의 교제'이지만, 중성으로 볼 경우 성찬 참여를 고백했다는 의견이 지배적이다. "우리가 축복하는바 축복의 잔은 그리스도의 피에 참여함이 아니며 우리가 떼는 떡은 그리스도의 몸에 참여함이 아니냐"(고전 10:16).

나아가 교부 문헌들을 살펴보면, 교제라는 말은 아주 다양하게 사용된다. 먼저 성부와 성자의 관계, 즉 성자의 신성을 표현하기도 하며, 성도들과 삼위 하나님의 관계를 말하기도 하고, 결혼 관계를 지칭하기도 하며, 교회의 예배를 말하기도 한다. 가장 많이 사용되는 예는 성찬 참여였다. 그런데 5세기부터 특히 아우구스티누스에게서 성례전의 참여라는 의미는 사라지고, 교회를 지칭하는 의미에서 '성도의 교제'가 지배하기 시작했다. 신앙고백의 역사에서 이런 식으로 어떤 문구의 의미가 분명해지면서 원래의 의도와는 달리 사용되는 경우가 더러 있다. 그러므로 '성도의 교제'라는 의미 전환을 달리 비난할 이유는 없다고 하겠다.

삼위일체 하나님의 작품인 교회 공동체

교제는 내적 관계를 말하고, 공동체는 그 교제와 관계가 이루어지는 장소 혹은 사회학적인 기관을 말한다. 교제가 우선이고 그 후에야 공동체가 가능하다. 교회라는 공동체는 교제를 기초로 하여 외적 모습을 나타낸다.

그런데 교제가 사라져도 공동체는 존속할 수 있다. 우리는 이것을 염려하고 피해야 한다. 또 교제는 잔치가 전부가 아니라 이웃의 고난과 결핍에의 참여도 포함한다. 인간의 고난과 결핍에 참여하기 위하여 삼위일체 하나님께서 서로 협의하고 함께 사역하고 함께 완성하여 가는 아름다운 역사는 바로 천국잔치를 연출하는 삼위일체 하나님의 영광으로 영원토록 빛날 것이다. 이 영광에 신자들은 방관자가 아니라 참여자로 동참하기 위하여 이웃의 고난과 결핍에도 참여해야 한다.

부활하신 예수께서는 열한 제자에게 말씀을 전파하며 세례를 주라고 명령하셨다(마 28:16~20). 그러면서 자기가 세상 끝날까지 그들과 항상 함께하실 것을 말씀하시면서, 성령 강림을 약속하셨다.

이처럼 직분이나 설교, 세례와 성찬 등은 성령께서 교회를 세우시는 방편들이다. 비록 교회사에서 이런 것들에 대하여 이견이 있었고 때로는 이 이견이 교회 분열의 원인이 되기도 했으나, 성령께서 이것들을 사용하신다는 것을 부인할 수 없다. 부활의 주님은 제자들에게 성령을 주시면서 그들을 사도와 목자로 임명하시고, 사죄의 사역을 맡기셨다(요 20:22). 그들은 오순절부터 성령의 충만함을 받고 성령께서 말하게 하심을 따라서 설교했다(행 2:4, 4:8, 31 등). 설교는 성령의 직분이다(고후 3:8, 살전 1:5 참고). 이처럼 성령 충만한 설교는 신앙을 일으키는 설교이다(갈 3:5). 설교를 듣고 믿음으로 받는 죄 사함과 의를 인치는 세례는 성령을 선물로 받게 한다(행 2:38, 고전 6:11). 우리는 한 성령으로 세례를 받아 한 몸이 되었고, 또한 모두가 한 성령을 마신다(고전 12:13). 한 몸이 된다는 것은 그리스도와 연합함을 말할 뿐 아니라 다른 성도들과도 한 몸이 된다는 말씀이니, 세례는 성도의 교제의 기초가 된다. 나아가 한 몸으로서 한 성령을 마신다는 것은 성찬을 지칭하는데, 성령은 성찬을 통하여 우리가 그리스도를 먹고 마시게 하실 뿐 아니라, 성찬상에서 성도의 교제를 체험하게 하신다. 따라서 성령께 기도해야 한다. 그래야 성령께서 물과 떡과 포도주로 예수 그리스도께서 임재하게 하신다.

성령께서는 교회를 세우시되, 단지 택한 개별자들을 불러서 영생을 주시는 것이 아니라, 교제 공동체를 창조하신다. 앞서 본 대로 교제는 일차적으로 죽으시고 부활하신 그리스도와의 연합이다. 성찬이 그리스도의 피로 세운 새 언약이니(고전 11:25), 교회는 언약 공동체이다. 그리스도가 우리를 자신과 연합시키는 고리가 성령이다(요일 3:24). 성도의 교제는 단지 형제애만을 기초로 하는 그리스나 로마 세계의 협회나 계조직과는 달리, 은혜의 방편인 성례에의 참여 위에 기초했다.

우리가 받는 성례 안에서 자연적이고 사회적인 후천적 차이는 사라지고, 하나의 공동체만이 존속한다. 세례를 받은 자는 그리스도로 옷을 입었고, 유대인이나 헬라인이나 종이나 자유자나 남자나 여자나 구별 없이 다 그리스도 예수 안에서 하나다(갈 3:27~28). 이제는 이방인도 성령 안에서 하나님의 거하실 처소가 되기 위하여 예수 안에서 함께 지어져 간다(엡 2:22).

이렇게 지어져 가는 길에 필요한 것이 은사들이다. 고린도교회에서 은사는 가진 자를 교만하게 하고, 갖지 못한 자에게는 열등감을 자아내었다. 성령은 하나 되게 하시지만, 은사가 하나 되게 하는 연합이 아니라 분열의 소지가 될 때는 아무런 가치를 지니지 못한다. 그래서 바울은 제일 좋은 길인 사랑을 보이면서, 사랑으로 교회를 세우려 할 때에야 은사가 본래의 의미를 발휘한다고 가르친다(고전 12:31). 은사를 가진 자들은 그렇지 못한 자들을 돌보며 섬겨야 한다(고전 12:22~25). 모든 것을 알맞게 하고 질서 있게 해야 한다(고전 14:40).

그러므로 교제는 은사 공동체인 교회가 하나 되게 한다. 성령에 참여하여 은사를 누리는 것과 상호 교제는 결코 배타적이지 않다. 그러므로 상호 교제와 연합을 겨냥하지는 않으면서, 개인주의적으로만 성령에 참여하고 성령과 교제하는 것은 불가능하다. 은사 공동체인 교회가 한두 은사를 절대화하여 교인의 배타적 표지로 삼을 때, 교회 공동체는 분열의 아픔을 피할 수 없을 것이다. 이런 일은 하나 되게 하신 삼위일체 하나님을 거스르는 큰 범죄 행위이다.

성령은 제도와 직분과 조직들을 이용하시지만, 이것들은 성도의 교제를 위한 방편이다. 제도의 목적은 항상 성도들을 온전케 하여 봉사의 일을 하도록 하며 그리스도의 몸을 세우게 함에 있다(엡 4:12). 만약 직분이나 제도를 절대화하면, 우리는 성직주의(聖職主義)의 과오를 범하게 된다. 성례나 직분 자체가 성령을 담고 있는 것은 아니다. 우리는 성례를 결코 물화(物化)해서는 안 된다. 성례는 한편으로는 성도와 삼위 하나님의 교제를, 다른 편으로는 성도 상호 간의 교제를 이루어 내기 위하여 주어진 은혜의 방편이다. 설교직도 역시 섬기는 봉사(고후 3:8)이지, 목적 자체는 아니다. 그러므로 직분자는 이 직분이 훼방을 받지 않게 하려고 많이 견뎌야 하며, 모범을 보여야 한다(고후 6:3 이하). 이 점에서 한국 교회 안에 있는 직분 간의 알력,

특히 목사와 장로 간의 알력은 그리스도의 화평을 깨뜨릴 뿐 아니라, 직분의 취지를 무시하는 중대한 범죄이다.

교회 공동체는 은사와 직분으로 다양성 가운데서 하나 됨을 보여 주어야 한다. 성도들을 온전케 하여 봉사의 일을 하게 해야 한다. 교회 공동체에서 봉사의 훈련을 받아, 세상으로 나아가 봉사하게 해야 한다. 그리스도의 몸을 세워 세상에서 그리스도의 모습을 보여 주어야 한다. 교회는 세상을 향한 교제 훈련소이다. 교회가 교회답다는 것은 교회 속에서 교회만을 위한 공동체가 아니라, 바로 교회 밖을 향하여 세상을 섬기고 변화시키기 위한 모범적인 공동체라는 뜻이다.

삼위일체론의 외적 현장인 세계

삼위 하나님의 사역인 교회는 이처럼 교제에 기초하고 있으며, 교제는 교회 공동체를 넘어 세상을 향하게 한다. 현대의 고질병인 개인주의를 극복할 수 있는 훈련장이 교회 공동체이며, 이 공동체에서 훈련받은 예배자는 교회당을 떠나 세상으로 나아가 그 속에서 공동체를 회복해야 한다. 이것은 삼위 하나님을 향한 예배의 실천이며 세상을 향한 봉사이다.

성부가 성자를, 성부가 성자를 통하여 성령을 보내시다

교회론에서 본 대로, 삼위일체 하나님의 일차적인 사역지는 교회이다. 성부께서는 성자와 성령을 보내시어 교회를 회복하셨다. 그러나 삼위일체 하나님은 교회 안에만 계시지 않는다. 교회 밖 세상에도 계신다.

성부는 성자를 자기가 지으신 세상으로 보내셨다. 그렇게 오신 예수는 자연과 세상에서 많은 예화를 이끌어 내셨다. 그런데 교회만이 이 사실을 안다. 교회는 세상에서 이 사실을 세상에게 고해야 한다. 그래서 아버지께서 자기를 세상에 보내신 것 같이 예수도 제자들을 세상에 보내신다(요 17:18).

하늘과 땅의 모든 권세를 선포하는 교회와 예배자

부활하신 주님은 그간 훈련시키셨던 열한 제자들을 불러 명하신다. "모든 민족을 제자로 삼아 아버지와 아들과 성령의 이름으로 세례를 베풀고 내가 너희에게 분부한 모든 것을 가르쳐 지키게 하라"(마 28:19~20). 이 명령을 하시기 전에 자신에 대하여 먼저 선언하신다. "하늘과 땅의 모든 권세를 내게 주셨다"(18절). 문법적으로 '신적 수동태'("모든 권세가 내게 주어졌다")인데, 개역 성경은 능동태로 잘 번역하고 있다. 모든 권세는 누가 주셨는가? "나의 하나님 어찌하여 나를 버리셨나이까?"를 외칠 때에 침묵하셨던 성부께서는, 십자가의 고난으로 순종하시고 부활하심으로 하나님 나라의 구원을 이루신 아드님에게 하늘과 땅의 모든 권세를 주셨다. 예수께서 피로 이루신 구원은 하나님의 통치를 보여 주신 구원, 희생을 통한 통치이다.

부활하신 성자는 모든 창조 세계를 다스릴 권세를 부여받았다. 마태복음 28장 19절에는 '가서' 전에 '그러므로'가 나온다.

이 말은 근거, 원인이나 계기를 표현한다. 즉, 창조 세계 위에 가지신 권세는 다음 19~20절에 나오는 명령의 근거이며 원인이고 계기이다. 제자들은 이 권세를 선포하고 이 권세가 확립될 수 있도록 모든 민족을 제자로 삼는 사명을 받았다.

제자들이 받은 일차적 사명은 예배의 방식으로 교회 공동체를 설립하는 것이었다. 그렇다면 제자들이 이 명령에 순종하고 사명을 충실하게 수행하여 예배로 교회를 세우고 예배자를 만든다면, 이 예배자들이 할 일이 무엇이겠는가? 다름 아니라 교회 안에서 예배자로 세움을 받고 나서 파송을 받아 교회 밖에서 "하늘과 땅의 모든 권세"를 구체적으로 확립하는 일이다. 제자들이 부여받은 사명, 곧 교회 설립은 그 자체에서 끝나지 않는다. 즉, 세상과 창조계가 부활하신 아드님의 권세 아래 있다는 것을 시위해야 하는 예배자의 양성이 교회가 받은 사명이고 존재 이유다.

단적으로 표현하자면, 교회는 제자들의 일터이고 세상은 예배자의 일터이다. 목사는 예배의 집례자로서 예배자를 모집하고 양성하여 교회를 세우며, 예배자는 예배의 수혜자로서 세상을 하나님의 나라로 변화시켜야 한다. 이것이야말로 삶으로 드리는 '산 제사'(롬 12:1)이다. 즉, 세상은 예배자의 실천적 삶의 자리이다.

삼위 하나님께서 예배자를 불러 자기를 주시고 예배자를 받으시는 예배는 결코 폐쇄적일 수 없다. 아버님이 아드님을 보내시듯, 아드님을 통하여 성령을 보내시듯, 예배에서 이 삼위일

체 하나님과 교제하고 참여하여 하나님을 자기의 몸에 모신 예
배자들이 세상으로 파송되어 세상에서 삼위 하나님을 자신들
의 몸에서 드러내고 전파하는 삼위일체론적 삶을 살아야 하는
것이다. 창조가 삼위 하나님을 드러내는 것이 아니라, 예배에서
삼위 하나님을 몸으로 체험하고 모신 예배자의 몸이 창조와 세
상에서 삼위 하나님이 현존하시는 자리이다. "하나님께서 그리
스도 안에 계시사 세상을 자기와 화목하게 하시며"(고후 5:19).
사도들은 이 화목의 말씀을 맡았고, 예배자는 세상에서 화목
을 실제로 이루어야 한다. 아버지께서 십자가로 아드님 안에서
이루신 화목은 완성되었기 때문에 이 화목 사역이 또다시 재
현될 필요는 없다. 예배자가 이루어야 하는 화목은 사도들이
전한 화목의 말씀을 받아 예배자로서 성령의 능력으로 아버지
가 아드님 안에서 완성하신 화목 사역을 반사(反射)하는 일이
다. 이것은 성령 안에서 아드님에게는 순종으로 응답하는 산
제사이고, 아버님께는 영광이다.

세상에서 삼위 하나님의 형상인 예배자

예배자는 세상에서 삼위 하나님을 몸에 모시고 그 이름으로
살아간다. 이것이 바로 세례의 의미다. 세례는 삼위 하나님께서
자기의 이름을 수세자에게 각인하는 의식이며, 이 각인은 사절
의 파견이나 다른 식으로 흔적을 남기는 정도가 아니라 삼위
하나님께서 위격적으로 임재하시며 동행하시는 방식이다. 예배
후의 강복 선언은 삼위 하나님의 동행 약속이다. "볼지어다. 내

가 세상 끝날까지 너희와 항상 함께 있으리라"(마 28:20). 이것은 선언과 명령에 이어 주신 약속의 말씀이다. 종말론적인 동행 약속은 성령을 보내 주시고 그분 안에 항상 임재하셔서 세례와 성찬, 그리고 신자의 모든 삶의 근원이 되시겠다는 약속이다.

마태복음 28장 말미에서 예수께서 말씀하신 선언과 명령과 약속에는 '모든'이 네 번이나 나온다. '모든' 권세(18절), '모든' 민족(19절), 분부한 '모든' 것(20절). 그리고 '항상'(20절)은 '모든' 날에서 왔다. 시간과 공간 그리고 그 속에 있는 인간과 만물이 다 아드님의 장중(掌中)에 있다는 말씀이다.

"가르쳐 분부한 모든 것"을 잘 배워 그대로 행하는 자는 복이 있다. 산상수훈이 말하는 팔복(八福)은 세상에서 착한 행실과 선행으로 소금과 빛으로 살아가는 예배자가 소유한다. 이 선행이 곧 하늘 아버님께 돌리는 영광이다(마 5:3~16, 특히 16절). 이 모든 분부의 말씀을 듣고 깨닫고 체험하고 실천함으로 세상에서 삼위 하나님을 반사하는 자가 그분의 형상이다. 피조계로서 세상이나 피조물로서 인간은 삼위 하나님을 반사하지 않는다. 모든 인간은 반역하였고 모든 피조물은 침묵한다. 인간은 범죄하여 반역자가 되었고, 피조계는 삼위 하나님의 솜씨를 반사하면서도 그것을 알지 못한다. 삼위 하나님의 구원 사역으로 그분에게 주파수를 맞춘 예배자가 등장해야 모든 족속과 피조계가 삼위 하나님을 인정하고 찬양할 수 있게 된다. 오직 삼위 하나님을 몸에 모신 예배자만이 그분의 형상이며, 이 형상이 가는 곳마다 삼위 하나님은 임재하며 영광을 받으신다.

하나님의 영광! 이 영광은 이미 가지신 영광을 들추어내고 인정받게 한 것이다. 이 일을 하는 자가 하나님의 형상이다. 하나님의 형상을 보이는 것은 자질의 문제가 아니라 과업이고 사명이며 직무이다. 전통적으로는 형상을 지정의(知情意)의 자질로 보았다. 그리하여 천사도 형상이고, 정도의 차이는 있겠지만 모든 인간이 다 형상이라고 보았다. 그러나 진정한 형상은 예수밖에 없다(고후 4:4). 참 형상은 곧 유일한 형상이다. 예수는 아버지를 보여 주셨다. "나를 본 자는 아버지를 보았다"(요 14:9). 예수는 "아들이시라도 순종을 배워"(히 5:8) "십자가에 죽으심"(빌 2:8)까지 복종하셨고, 이로써 하나님께서는 자기의 사랑을 확증하셨다(롬 5:8). 이 예수께서 하나님의 형상이시다.

이처럼 하나님의 형상은 고난에 참여하는 자이다. 예배자는 오직 아드님의 형상(롬 8:29)을 따라 하나님의 형상이 되기 때문이다. "그리스도도 너희를 위하여 고난을 받으사 너희에게 본을 끼쳐 그 자취를 따라오게 하려 하셨느니라"(벧전 2:21). 예수께서 부활 후에 받으신 하늘과 땅의 모든 권세는 인간들이 무장하고 행사하면서 악용하는 권세가 아니다. "연한 순 같고 마른 땅에서 나온 줄기 같아서 고운 모양도 없고 풍채도 없은즉 사람 보기에 흠모할 만한 아름다운 것이 없는"(사 53:2) 예수의 권세는 압제를 가하고 폭력을 행사하는 권세가 아니라 해방시키고 섬기는 권세이다. "내 나라는 이 세상에 속한 것이 아니라"(요 18:36). 그럼에도 그의 나라는 이 세상에 있다. 승천하고 아버님의 우편에 좌정하신 것은 교회나 세상의 한 부분만이 아니라 세상 전부를 다스리시는 모습을 보여 준다. 성부의 오른편에 좌정하신 영광의 그리스도께서는 성령 안에서 세상을 직접 다스리시고 계신다. 십자가 전이나 후나 그분의 이 다스림은 겸손한 고난이다.

우리는 그리스도의 죽음을 우리 육체에 지녔기 때문에(갈 6:17), 그분의 고난이 우리의 삶에서 나타날 수밖에 없다. 우리에게 은혜를 주신 것은 그리스도를 믿을 뿐 아니라 그를 위하여 고난도 받게 하려 함이다(빌 1:29). 또 그리스도 안에서 경건하게 살고자 하는 자는 박해를 받을 것이다(딤후 3:12). "오히려 너희가 그리스도의 고난에 참여하는 것으로 즐거워하라. 이는 그의 영광을 나타내실 때에 너희로 즐거워하고 기뻐하게 하려 함이라"(벧전 4:13). 그리스도의 이름으로 욕을 먹을 때 영광의 영, 곧 하나님의 영이 임하신다(벧전 4:14). 예배자는 이런 종말론적 소망을 품고 실천적 삶을 산다. "그리스도께서 약하심으로 십자가에 못 박히셨으나 하나님의 능력으로 살아 계시니 우리도 그 안에서 약하나 너희에게 대하여 하나님의 능력으로 그와 함께 살리라"(고후 13:4).

제자들은 권세를 선포하는 말씀을 받았고, 예배자는 섬기러 오신 인자의 모습을 닮아야 한다. 신자는 내적 믿음으로는 누구에게도 종속되어 있지 않는 주인이고, 외적 행위로는 모두에게 종속되며 모든 사람들을 섬기는 종이다(루터). 세상 족속들의 집권자들은 그들을 임의로 주관하고 대인들은 권세를 부리지만, 예배자 중에서 크고자 하는 자는 섬기는 자가 되고 으뜸이 되고자 하는 자는 모든 사람의 종이 되어야 한다(막 10:42~44). 예수께서는 이를 몸소 실천하셨다.

이렇게 고난을 동반하는 하나님의 형상이 이룩하는 하나님의 나라는 이 고난 때문에 이 세상에 속한 나라는 아니다. 삼위 하나님은 세상의 방식이 아닌 자기의 방식으로 세상을 변화시켜 자기 나라로 만드신다. 그렇다. 마태복음 28장의 명령의 진정한 뜻은, 고난과 십자가로 예수께서 승리하셨듯이(골 2:15), 우리도 그리스도 안에서 항상 이긴다(고후 2:14)는 것이다. '승리하다, 이기다'로 번역된 원어는 전쟁에서 승리한 장군이 포로를 앞세워 행진하는 장면을 가리킨다. 예배자는 예수께서 십자가로 얻은 포로이고, 이 포로인 예배자들이 그분 안에서 다시 포로를 잡는 것이다. 예배자의 손에 들린 무기는 성령의 검, 곧 하나님의 말씀 말고는 없다(엡 6:17). 그러니 보편교회의 보편세계 지배가 아니라, 말씀 때문에 고난을 달게 받는 예배자 가운데 임하는 삼위일체 하나님의 지배를 말한다. 그러면 세계는 은혜와 사랑과 섬김이 교제 가운데 넘치는 공동체, 곧 하나님의 나라가 될 것이다. 인간 예배자가 이 일을 이룰 수 없기 때문에 예수께서는 "나라를 임하게 하여 주십시오."(마 6:10)라고 기도하라고 했다.

삼위 하나님께서 다스리시는 보편 세계

삼위 하나님의 다스림은 세상의 구원을 이루시려고 사랑을 계시하시는 데 나타난다. 구약에서 야웨께서는 자기 백성과 함께 하신다. 구약의 구원 사건은 자연적 사건이 아니다. 야웨께서 직접 개입하셨는데, 그것이 창조의 보존이고 자기 백성의 구원이다. 창조계는 이 야웨의 구원 사역에 순종하면서 야웨의 다스림을 바라본다. 백성도 믿음으로 구원 사건을 체험하면서 야웨의 사랑과 의를 신뢰하고 더 나은 구원을 소망한다. 곧 소망 중에 그리스도를 향한 믿음을 갖는다. 이렇게 신뢰하는 믿음은 야웨의 다스림에 임한 의와 평강과 희락을 성령 안에서 누린다 (롬 14:17).

그렇다. 하나님의 구원은 사람과 세계를 다 포함한다. 하나님의 구원은 보이는 세계와 보이지 않는 세계를 다 포함한다. 니케아신경은 하나님을 "하늘과 땅, 보이는 것과 보이지 않는 만물의 창조주"라고 고백한다. 성자의 성육신은 보이지 않는 만물뿐만 아니라 보이는 만물까지도 다 구원받았다는 것을 말한다. 인간의 내면뿐만 아니라 외면까지도 다 구원받았다. 구원받은 인간뿐만 아니라 나아가 구원받은 창조 세계 전체가 다 하나님의 영광을 나타낼 것이다. 구원받은 자는 만물 가운데서 구원의 삼위일체 하나님을 찬양하고 모든 영광을 돌려드릴 것이다. 그 첫 번째로 하나님께서 하늘과 땅과 땅 아래 있는 자들로 예수의 이름에 무릎을 꿇게 하시고 모든 입으로 예수 그리스도를 주님이라 시인하여 하나님 아버지께 영광을 돌리게 하신다(빌 2:10~11). 이 예수는 사망을 멸망시키시고 나라를 아버지 하나님께 바칠 것이니, 그때에는 하나님이 만유의 주로서 만유 안에 계실 것이다(고전 15:24, 28).

하나님 아버지의 통치는 아들 예수 그리스도 안에서 나타났다. 그리고 그분은 이 통치를 제자들에게 맡기셨다. "내 아버지께서 내게 맡기신 것같이 나도 너희에게 나라를 맡기노라"(눅 22:29). 예수께서는 자기 피로 사신 자들을 나라와 제사장으로 삼아 땅에서 왕 노릇하게 하셨고, 또 이들은 세세토록 왕 노릇할 것이다(계 5:10, 22:5, 벧전 2:9). 그런데 모든 자연이 그리스도의 다스림에 참여하는 왕 같은 자녀들이 나타날 것을 갈망한다. "피조물도 썩어짐의 종노릇 한 데서 해방되어 하나님의 자녀들의 영광의 자유에 이르는 것이니라"(롬 8:21). 하나님의 자녀들과 보편세계가 다 삼위일체 하나님께 영광을 돌리고, 하나님이 보편세계를 지배하실 때에 하나님은 만유의 만유로 영원히 자기 영광 중에 계실 것이다. "하나님도 한 분이시니 곧 만유의 아버지시라. 만유 위에 계시고 만유를 통일하시고 만유 가운데 계시도다"(엡 4:6). 백성과 하나님 사이에 죄의 장벽이 없어, 만물까지도 하나님의 모습을 온전하게 반사할 것이다.

나오며: 예배와 삶의 세계의 통합

　삼위일체 하나님을 향한 믿음은 삶이다. 삼위일체론은 이론적이며 동시에 실천적이다. 예배에서만 삼위일체 하나님을 뵐수 있고, 그분과 누리는 교제에서 그분을 받는다. 예배는 삼위일체 하나님과 예배자의 위격을 주고받는 교제이다. 예배자는이 예배에서 하나님의 사람, 하나님의 형상이 된다. 엄밀히 말해서 예배자는 예배에서 받을 뿐이다. 물론 기도와 찬송으로예배자 자신을 드린다. 그렇지만 예배자가 자신을 드리는 곳은교회와 세상이다. 예배자는 예배에서 삼위일체 하나님을 받아교회와 세상에서 그분들을 드러내고 높이고 영광을 돌린다. 예배가 이론(관조)에 해당한다면, 교회와 세상은 실천에 해당한다.
　그런데 한국 교회의 예배가 진정한 의미에서 관조요 삼위일체 하나님을 대면하고 받는 자리인지, 말씀을 바로 선포하고 성례를 온전하게 시행하는지를 심각하게 반성해야 한다. 실상 성례는 무시당하고 말씀은 한없이 약화되고 말았다. 설교는 삼위일체 하나님을 전해야 한다. 성례도 고대 교회처럼 삼위일체 하나님이 자기를 주시는 성례여야 한다. 말씀과 성례로 이루어지는 예배에서 삼위일체 하나님을 대면하고 관조하고 받을 수 없다면, 어디에서도 하나님을 만날 수 없다. 세례교육도 크게 강화해야 한다. 무자격자에게 삼위일체 하나님의 이름으로 세례를 베풀 수는 없다. 공기도도 삼위일체론적이어야 한다. 이처럼 예배의 회복과 개혁은 한국 교회가 직면한 가장 절실한 과제다.

예배가 튼튼하지 못하면, 삼위일체 하나님을 드러내어야 하는 교회와 세상은 혼란스러울 수밖에 없다. 교회가 교회답지 못하면, 세상을 하나님께서 다스리시는 나라로 만들 수가 없다. 교회가 예배가 아닌 일에 열중하거나, 무신론, 다신론과 유일신론의 종교형태와 구별될 수 없다면, 그것은 경건의 모양은 있으나 경건의 능력은 부인하는 것(딤후 3:5)과 다를 바가 없다.

개인주의가 지배하는 현대인의 삶의 현장이 예배자에게는 동시에 삼위일체론의 외적 현장이다. 예배에서 삼위일체 하나님과 교제를 누리는 예배자만이 세계를 교제 공동체로 만들 수 있다. 결코 홀로 계시지 않는 삼위일체 하나님의 교제만이 개인주의를 치유할 수 있다. 예배자는 교회에서 이 교제를 즐기고 교제의 기쁨을 세상에서 나누어 주어야 한다.

또한 예배자는 세상의 부조리와 모든 악을 직시해야 한다. 그래야 그 속에서 희생당하지 않을 뿐만 아니라, 부조리와 악의 세상을 하나님의 나라로 변화시킬 수 있다. 참 예배자는 참 생활인이 되어야 한다. 농어민이든, 상인이든, 교사이든, 다른 전문직이든, 생활의 현장이 바로 삼위일체 하나님을 대변하는 삼위일체론의 현장이어야 한다. 그 현장은 그분을 관조하는 현장이 아니다. 직장 신우회는 합당한 모습이 아니다. 예배자는 삶의 현장이 아니라 예배에서 무장하기 때문이다. 고난과 섬김의 자세 위에 정직과 전문성을 갖추어야 한다. 참 예배자만이 기독교학문이나 윤리운동을 전개할 수 있다. 예배자는 예배와 교회에서뿐만 아니라 삼위일체론의 현장인 세상에서 시간과 재정과 은사를 더 쏟아야 한다. 이를 위하여 직분자들은 예배에서 이런 예배자를 양성하고 파송하고, 다시 위로하고 치유하고 파송한다. 삼위일체론의 내적 현장과 외적 현장의 통합, 이것이 삼위일체론의 본래적 의도이다.

하나님 아버지는 아들 예수 그리스도를 닮은 자를 성령 안에서 찾고 계신다. 그래야 그리스도 안에 임하신 하나님의 나라가 이 땅에 왕성할 것이다. 교회가 교회다울 때 세상은 아름다운 하나님의 나라가 될 것이다. "나라를 임하게 하여 주옵시고"를 기도하면서!

부록_ 새로 번역한 사도신경(私譯)

I. 성부 하나님
1. 나는 하나님께서 전능하신 아버지, 천지의 창조주이심을 믿습니다.

II. 성자 하나님
2. 나는 예수님께서 그리스도요 하나님의 유일하신 아들, 우리 주님이심을 믿으오니,
3. 그분은 성령님으로 잉태하여 동정녀 마리아에게 나셨고,
4. 본디오 빌라도 치하에서 고난당하시고, 십자가에 달리시고 죽으시고 장사되시고, 음부에 내려가셨으며,
5. 사흘 만에 죽은 자들로부터 부활하셨고,
6. 하늘에 오르시어, 전능하신 하나님 아버지의 우편에 앉아 계시는데,
7. 그리로부터 산 자들과 죽은 자들을 심판하러 오실 것입니다.

III. 성령 하나님
8. 나는 성령님을 믿습니다.
9. 나는 거룩한 공교회와 성도의 교제와
10. 사죄와
11. 육의 부활과
12. 영생을 믿습니다. 아멘.

참고문헌 ┌──

박만, 『현대 삼위일체론의 연구』, 대한기독교서회, 2003.

역사신학연구회, 『삼위일체론의 역사』, 대한기독교서회, 2008.

유해무, 『신학: 삼위일체 하나님을 향한 송영』, 성약, 2007.

데럴 존슨, 김성환 옮김, 『삼위 하나님과의 사귐』, 한국 IVP, 2006.

캐서린 모리 라쿠나, 이세형 옮김, 『우리를 위한 하나님』, 대한기독교
　　서회, 2008.

＊ 함양 안의교회 하복희 집사님의 기도와 재정 지원에 감사를 드립니다.

프랑스엔 〈크세주〉, 일본엔 〈이와나미 문고〉,
한국에는 〈살림지식총서〉가 있습니다.

📖 전자책 | 🔍 큰글자 | 🔊 오디오북

삼위일체론

| 펴낸날 | 초판 1쇄 2010년 5월 20일 |
| | 초판 8쇄 2020년 8월 5일 |

지은이	유해무
펴낸이	심만수
펴낸곳	(주)살림출판사
출판등록	1989년 11월 1일 제9-210호

주소	경기도 파주시 광인사길 30
전화	031-955-1350 팩스 031-624-1356
기획·편집	031-955-4671
홈페이지	http://www.sallimbooks.com
이메일	book@sallimbooks.com

| ISBN | 978-89-522-1426-3 04080 |
| | 978-89-522-0096-9 04080 |

※ 값은 뒤표지에 있습니다.
※ 잘못 만들어진 책은 구입하신 서점에서 바꾸어 드립니다.